KB097284

달빛 노동 찾기

신정임   윤성희   김영선

정윤영   사진   해설

최규화

   기록

달빛 노동 찾기

당신이 매일 만나는

야간 노동자 이야기

밤을 잃은 그대에게

2018년 12월, 충남 태안 화력발전소에서 밤샘 노동을 하던 청년이 기계에 끼어 숨졌습니다. 스물네 살의 하청 노동자 김용균 씨였습니다. 빛도 안전장치도 사람도 없는 현장에서 용균 씨는 밤새 혼자 일했습니다. 화력발전소는 24시간 돌아가야 했고, 위험한 야간 노동은 비정규직에게 떠넘길 수 있었으며, 비정규직에게는 비용을 아껴도 괜찮았기 때문입니다. 심지어 이 참사는 처음이 아니었으며, 용균 씨가 숨진 후에도 화력발전소는 변함없이 가동됐습니다. 수많은 용균 씨들이 여전히 혼자 밤새 일하고 있었습니다. 아무도 그곳을 이상하게 여기지도, 자세히 들여다보지도 않았습니다.

24시간 일한다는 것이 우리 사회에서 너무도 당연한 것이 되었기 때문입니다.

밤은 이제 휴식의 시간이 아닙니다. 각종 업무와 서비스가 중단 없이 지속되는 시간입니다. 스마트폰 메신저를 통해 언제든 업무를 볼 수 있습니다. 앱만 켜면 치킨부터 택시까지 부를 수 있습니다. 버스와 지하철은 새벽까지 달리고 청소나 시설관리, 전기·수도, 의료서비스도 24시간 제공됩니다. 24시간 편의점도 포화 상태입니다. 뉴스와 각종 예능프로그램, 팟캐스트, 신작 게임들이 쉼 없이 업데이트됩니다. 따라가지 못하면 뒤처집니다. 뭐든지할 수 있어서 뭐든 해야 하는 시간이 되었습니다.

한국 노동자 3명 중 1명은 주 49시간 이상 장시간 일하는 과로 상태인 것으로 나타났습니다(한국은행, 2018). 미국, 독일 등 주요 국가들의 2~3배에 달하는 수치입니다. 과로사를 넘어 과로자살(과로에 지쳐 자살을 선택하는 것)까지 불거지고 있습니다. 그럼에도 장시간 노동의 주요 형태인 야간 노동, 교대제 노동에 대한 정부의 공식 통계조차 나와 있지 않습니다. 장시간·야간 노동은 '편리하거나 생산적인 서비스'의 웃는 얼굴 뒤로 은폐되었고, 당연한 것처럼 받아들여졌습니다. 2018년 7월 정부는 과로 없는 사회를 목표로 주 52시간 근무제를 시행했지만 재계의 반발 속에 논란은 계속되고 있습니다. 여기에 초과 노동에 대한 가산수당을 지급하지 않아도 된다는 탄력근로제 도입 논란까지 더해지며 노사정의 갈등만 깊어가고 있습니다.

현재 우리 사회의 야간 노동은 과연 어떨까요? 필자들은 실제 야간 노동 종사자들을 만나 그들의 이야기에 귀를 기울임으로써 장시간·야간 노동의 속성을 짚어보기로 했습니다. 전작 《숨은 노동 찾기》(오월의봄, 2015)가 보이지 않는 노동자들의 삶에 초점을 맞췄다면, 이번 책은 노동자들의 삶에 장시간 노동이 미치는 영향을 가늠하는 데 주력했습니다. 24시간 대공장 구내식당 조리원,

대학 시설관리직, 병원지원직, 교도관, 우정실무원, 지하철 역무원과 신호직, 방송작가, 공항 시설관리직, 고속도로 순찰원을 만났습니다. 편리나 안전 등의 이유로 '24시간 풀 가동' 상태가 당연시되는 현장에서 일하는 사람들입니다.

이들을 만나면서 우리 사회가 누려온 편의와 안전이 실은 당연한 것이 아니었다는 점을 확인할 수 있었습니다. 또한 다음과 같은 몇 가지 공통적인 특징이 나타난다는 점을 알 수 있었습니다.

첫 번째는 불안정한 노동시간이 노동의 질과 상호 연관을 갖는다는 점이었습니다. 다수의 야간 노동 현장에서는 정규직보다 비정규직의 비중이 두드러졌습니다. 필수적인 업무를 맡고 있음에도 노동자로 인정받지 못하거나 한시적, 보조적 업무로 여겨지는 경향이 있었습니다. 이 경향이 근로시간의 불규칙함을 정당시하는 측면도 있었습니다. 공항 시설관리직, 구내식당 조리원, 우정실무원의 인터뷰를 통해 이를 확인할 수 있었습니다.

노동시간에 대한 사용자의 종속도도 높았습니다. 일하는 시간이 실제 필요성보다 사용자의 임의적 요구에 좌우되는 경향이 나타났다는 이야기입니다. 방송 스케줄에 따라 업무시간이 결정되는 방송작가, 합리적인 근거 없이 관행으로 휴게시간이나 대기시간을 통제받는 고속도로순찰원 등의 경험이 이를 명백하게 보여주고 있었습니다.

마지막으로 야간 노동은 노동자들의 건강과 생활까지 알게 모르게 재구성하고 있었습니다. 거의 모든 노동자들이 사고나 불면증, 심혈관계 질환, 불임 위험 등 건강 악화 문제와 걱정을 떨치지 못하고 있었습니다. 잠을 조금이라도 더 잘 수 있도록 불편해도 외진 곳에 집을 구하는 등 활동·수면시간에 따라 생활 습관이나 취미가 달라지기도 했으며, 가족이나 친구들과의 크고 작은 관계 변화도 나타났습니다.

통계조차 잡히지 않는 노동자들을 취재하는 일은 쉽지 않았습니다. 당사자들을 만날 수 있는 경로가 극히 적었습니다. 어렵사리 만난 이들도 난색을 표하기 일쑤였습니다. 인터뷰 직전 밤샘 근무 중 사고를 당해 결국 만나지 못한 이도 있었습니다. 회사 측이 현장 공개를 금지해 쫓겨난 적도 있었습니다.

그럼에도 이 책의 주인공들은 어렵사리 자신의 일터를 보여주었습니다. 밤샘 근무 후에도 잠잘 시간을 쪼개 가며 인터뷰에 응해주었습니다. 단순히 일의 고충을 토로하려는 것이 아니었습니다. 그건, 자신의 일이 삶의 균형을 무너뜨리지 않기를, 노동이 그 가치를 제대로 인정받고 존중받기를 바라는 의지였습니다. 이 책은 그에 힘입어 나올 수 있었습니다. 진심으로 감사드립니다.

이 책에 장시간·야간 노동의 모든 것을 담지는 못했습니다. 다만 경제 논리 속에서 사라져버리는 노동자들의 목소리를 가감 없이 담는 데는 최선을 다했습니다. 이를 통해 독자들께서도 '24시간 근무' 뒤로 노동하는 사람의 얼굴을 그려볼 수 있다면, 보이지 않아도 쉼 없이 일해야 한다는 관념들에 의문을 가져볼 수 있다면 더 없이 기쁘겠습니다.

김영선, 신정임, 윤성희, 정윤영, 최규화 드림

차례

밤에 파묻힌 노동

– 우정실무원 비정규직 노동자

<u>기록 신정임</u>

밤 10시에 출근해서 아침 7시에 퇴근한다고 했다. 글 쓴다고 종종 밤을 새우기도 하지만 취재 중에 꾸벅꾸벅 조는 모습을 보일까봐 낮에 좀 자두기로 했다. 알람을 맞추고 침대에 누웠다. 머리만 누우면 잘 자는 편인데도 쉽게 잠이 오지 않았다. 커튼을 뚫고 들어오는 햇살이 느껴졌고 창문 밖으로 차들이 오가는 소리가 들려왔다. 알람이 울릴 때까지 뒤척거리기만 했다. 찌뿌듯한 몸을 억지로 일으킨 뒤 나갈 채비를 하고 서울 광진구에 있는 동서울우편집중국으로 향했다.

각 우체국에서 접수한 우편물이나 소포, 택배 들을 지역별로 모아서 분류해 다시 배달 지역으로 내보내는 일을 하는 곳이 우편집중국이다. 전국에 24개가 있고, 그중 서울에 있는 유일한 집중국인 동서울우편집중국이 가장 많은 물량을 처리하고 있다. 우리가 보낸 편지나 택배가 어떻게 보낸 지 이틀이나 사흘 만에 원하는 곳으로 갈 수 있는지를 알 수 있는 곳. 그러기 위해 밤을 꼬박 불태우는 노동자들이 있는 곳. 그곳으로 순간 이동을 했다.

일은 고된데 인간 취급도 못 받아

동서울우편집중국에 들어서면 우선 크기에 놀란다. 5톤, 8톤 화물차 수십 대가 주차할 수 있는 넓은 주차장은 예고편에 불과했다. 실제 작업장에 들어서니 농구장 두세 개는 족히 들어갈 공간이 눈에 들어온다. 자연스럽게 고개를 들게 된다. 건물 세 개 층은 되는 듯한 높은 천장, 뻥 뚫린 공간에 미로 찾기처럼 이리저리 뻗어 있는 컨베이어벨트들, 그 사이사이 엄청나게 쌓여 있는 소포 박스들…… 그야말로 이상한 상자들의 나라였다.

상자들이 스스로 움직일 수는 없는 법. 상자들 존재를 확인하며 바코드를 찍고, 컨베이어벨트에 올려 지역별로 분류하고, 내려온 상자들을 다시 파렛트(화물 운반대)에 차례차례 쌓아 올린 뒤 화물차에 태워 보낼 때까지 곳곳에서 사람 손이 필요하다.

그때 손을 빌려주는 사람을 우정실무원이라고 부른다. 이들은 다섯 계로 묶여서 일한다. 우체국 소포 및 택배를 다루는 소포계, 전체 우편물의 도착 및 발송을 담당하는 발착계, 통상 우편(일반 우편물)을 취급하는 소형계, 통상 우편물 중 서류봉투에 담긴 대봉투 우편물을 관리하는 대형계, 등기, 익일특급 등 특수 우편물을 책임지는 특수계까지, 서로 담당 업무가 다르다.

일하는 시간도 제각각이다. 각 계별 물량과 소통 체계에 맞춰 조근(7~16시), 중근(14~23시), 석근(18~23시), 야근(21~6시)으로 근무조를 짜서 일하고 있다. 우편물들이 도착하고 구분해서 발송하는 시간대별로 인력을 편성한 것으로 동서울우편집중국에선 대략 조근 20퍼센트, 중근 30퍼센트, 석근 10퍼센트, 야근 40퍼센트 비율로 나뉘어 있다. 편지 같은 우편물은 줄어든 대신 '우체국 택배'로 불리는 택배 물량은 날로 늘어나서 야간에 일하는 인력이 제일 많다.

동서울우편집중국에서 만난 이중원도 밤에 일하는 우정실무원이다. 벌써 7년째 낮밤이 바뀐 생활을 하고 있다. 그에게 7년 전 처음 접한 우정실무원의 세계는 어땠냐고 물었다. 그러자 그가 혀를 끌끌 차며 한숨을 쉬었다.

"사막으로 치면 여긴 고비 사막이 아니라 사하라 사막이에요. 더 넓고 거칠죠. 말 그대로 불모지였습니다."

우선 일이 고됐다. 그는 저녁 9시에 출근해 오전 6시까지 내내 서서 컨베이어벨트를 타고 내려오는 우체국 택배 상자들을 파렛트에 싣는 일을 했다. 보통 10~20킬로그램 정도 되는 소포 상자들을 가득 채우면 롤파렛트(바퀴 달린 파렛트)의 무게는 400~500킬로그램에 이른다. 그 수레를 하루에 수십 개씩 채워내니 소포 상자를 수천 개씩 들었다 놨다 하는 셈. 반복되는 노동으로 팔, 다리, 무릎, 어깨 안 아픈 곳이 없었다.

일의 강도는 최고 수준인데 대우는 최저 수준이었다. 시급은 정확히 최저임금을 따랐고 주휴, 야간 등 일한 만큼 받는 수당 외에 일체 받는 돈이 없었다. 근속수당도 없어서 1년을 일하나 10년을 일하나 월급은 같았다. 명절 상여금도 정규직들만 받았다.

근무환경도 안 좋았다. 방한복이라고 준 겨울용 작업복은 솜이 다 죽어서 제 기능을 하지 못했다. 실무원들끼리 "요즘은 노가다에서도 이런 옷은 안 입는다"고 한탄하며 넓디넓은 작업장 안에서 칼바람을 그대로 맞으며 일했다. 휴식시간에 30분씩 쉬러 가는 휴게실도 열악하긴 마찬가지. 60명이 쓰는 휴게실이 20평도 안 됐다. 좁은 침상에서 10여 명이 칼잠을 잘 때면 "포로수용소가 따로 없다"는 생각이 절로 났다.

이중원이 포로수용소를 떠올린 까닭은 또 있다. 중세 노예 시대가 생각날 정도로 우편집중국에 뿌리박힌 봉건적인 노사 관행 때문이었다. 동서울우편집중국은 전체 직원 700여 명 중 3분의 2인 430여 명이 비정규직이었다. 그런데 정규직들이 비정규직들을 똘마니나 심부름꾼 취급을 했다.

"정규직들이 좀 편한 업무나 월급을 더 받는 조기 출근 명단에 자신들에게 잘 보이는 직원들을 집어넣었어요. 그 혜택을 누리기 위해 비정규직들은 정규직들이 부당한 요구를 해도 찍소리도 못하고 그대로 받아들였고요."

자연스럽게 정규직들에게 줄서는 문화가 팽배했다. 그렇게 선택된 비정규직들은 정규직을 그대로 따라 하며 어깨에 힘을 준 채 거들먹거렸다. 2011년 노동조합을 만드는 데 앞장섰던 한 인사는 "여기 일하러 왔지, 누구한테 잘 보이려고 온 게 아니란 말이지. 노조를 하려고 마음먹었던 것도 인간으로서 존중받고 싶었던 게 커요"라고 말했다.

'한낱' 비정규직노조 총회에 국회의원이 오다니

우편집중국이 속한 우정사업본부에는 이미 66년 넘는 역사를 지닌 한국노총 산하 전국우정노동조합(이하 우정노조)이 있었다. 비정규직들에게 이른바 '갑질'을 해온 정규직들은 거의 우정노조 조합원이었다. 그와 다른 노동조합을 만들려고 해도 노동법상 '복수노조* 금지' 조항에 막혀 만들 수도 없었다. 그러던 중 2011년 7월 복수노조가 허용됐다. 기다렸다는 듯 의기투합한 몇몇 비정규직

---

* 한 사업장 안에 여러 개의 노조가 존재하는 것.

들이 바로 8월에 동서울우편집중국노동조합을 만들고 설립신고를 했다. 비정규직들이 '우리도 인간이다'라고 말할 수 있는 통로가 생긴 셈이다.

하지만 시작은 결코 만만치 않았다. 의욕은 앞섰지만 노조 집행부를 맡은 사람들도 일만 하던 사람들이라 노조를 통해 뭘 해야 하는지 몰랐다. 그때 노조 간부 한 명이 다른 이들을 이끌고 이중원을 찾아갔다. 이중원은 동서울 지역에서 오랫동안 시민단체와 진보정당 활동을 해왔고 거기에서 맺은 인연들이 많았다. 그 간부도 그렇게 알게 된 사람 중 한 명이었다.

"그 선배가 노조를 만들었는데 자문을 해달라는 거예요. '아이고 잘 오셨습니다. 제가 자문 전문입니다' 하면서 맞았죠."

처음엔 보통 때 하던 노동 상담처럼 여겼다. 그런데 얘기를 들으면 들을수록 뭐 이런 데가 다 있나 싶었다. 그것도 자신이 번질나게 돌아다니던 동서울 지역에. 그 사실이 이중원을 낯 뜨겁게 만들었다. 그래서 지나가듯 물었다. "거긴 어떻게 들어가요? 나 같은 사람도 들어갈 수 있어요?" 상담 왔던 간부는 뜻밖에 귀인을 만난 듯 분명하게 답했다. "그럼요." 지금이야 공개 채용이 자리를 잡고, 월급도 좀 올라서 우편집중국에 들어오려는 사람이 꽤 있지만, 그때만 해도 일은 힘든데 임금은 쥐꼬리만 해서 우정실무원 모집이 쉽지 않던 시절이었다. 직원들이 주변에 소식을 알려서 알음알음 사람을 구하곤 했다. 이중원도 그렇게 해서 2011년 12월 우정실무원이 됐다.

그는 낯선 환경에 적응하며 성실하게 일했다. 그러면서 계급 사회처럼 신분이 나뉘어 있던 우편집중국 현장을 바꾸는 데 힘을 보탰다. 하지만 조합원 150명으로는 오랫동안 뿌리내려온, 노동자가 노동자 위에 군림하는 질서를 바꾸기는 힘들었다. 결국 노조 집행부는 독립 노조였던 동서울우편집중국노동조합을 민주노총 공공운수노조를 상급 단체로 하는 단위 노조로 바꾸기로 결정한다. 상급 단체 변경 조합원총회를 2012년 2월 9일에 하기로 하고 노조 집행부는 바삐 움직였다. 3개월마다 재계약을 하는 임시직 신세였던 이중원은 앞에 나서지 않고 조용히 실무를 챙겼다. 담당인 행정직 직원들 눈에 띄지 않기 위해 총회에도 가지 않으려 했다. 그런데 총회 날 변수가 생겼다.

"퇴근하고 아침부터 마지막 점검을 하면서 초청 외부 인사 명단을 정리하는데 불현듯 국회의원도 오면 좋겠다는 생각이 든 겁니다. 추미애 의원이 지역구 의원이었어요. 연락이나 한 번 해보자 하고선 낮 12시쯤 보좌관한테 전화를 해서 행사를 알렸습니다."

1시간 뒤쯤 보좌관을 통해 추 의원이 참석할 수 있다는 연락을 해왔다. 총선이 있던 해이기도 했지만 이중원이 전한 절절한 비정규직 현실이 바쁜 국회의원의 마음을 움직였을지도 모르겠다. 총회 시간마저 잡기 어려운 노동자들이었으니까. 조합원 대부분이 밤 근무를 하는 터라 총회 시간은 하루 중 가장 늦고도 빠른 시간인 밤 11시 30분부터 다음 날 0시 30분까지였다. 국회의원까지 오게 되자 외부 인사를 챙기기 위해 이중원이 나설 수밖에 없었다.

덕분에 관리자들에게도 강한 인상을 남겼다. 지원과에서는 비정규직들이 민주노총에 가입한다고 긴장해서 상급 단체인 공공운수노조 관계자 등 외부인 출입을 전면 통제하면서 총회에 대응했다. 그런데 추 의원이 도착하자 허무하게 통제를 풀었다. 그러면서 '한낱' 비정규직 노조 총회에 국회의원까지 등장시킨 인사가 누구인지를 궁금해했다. 얼떨떨한 채로 주위를 둘러보던 관리자들 눈에 이중원이 들어왔다.

어쩌면 관리자들은 '한낱' 비정규직 노조로 끝나지 않을 것 같다는 위기감을 느꼈는지도 모르겠다. 총회가 끝난 뒤부터 사측과 우정노조의 견제가 시작됐다. 한 여성 조합원이 그때 상황을 이렇게 설명했다.

"지원과에서 마음 약한 사람들을 한두 명씩 슬쩍 사무실로 부르더라고요. 찍히면 언제 잘릴지 모른다는 불안감을 갖고 있는 사람들을 말이죠. 우정노조에서는 조합원 가입 범위를 비정규직까지 확대하고선 가입한 비정규직들은 장학금 혜택을 준다고도 했고요."

독자 노조 시절 176명까지 늘었던 조합원 수는 공공운수노조 전국우편지부가 된 뒤 110명 정도로 줄어들었다.

노조의 통쾌한 승리, 순환 근무를 이뤄내다

전국우편지부는 흔들리지 않았다. 오히려 노동조합으로서 해야 할 일을 묵묵히 해나갔다. 가장 먼저 노동조건 개선에 힘썼다.

동서울우편집중국에서 만난 그의 동료들도 길게 자는 게
힘들다고 고백했다. 잠이 들기까지 오래 걸리고 두세 시간마다
자주 깬단다. 그러면서도 쉬는 날에도 새벽 1~2시엔 눈이
반짝반짝하다며 밤 생활에 적응한 신체 변화를 들려줬다.

2011년 당시 8시간 일하는 주간 근무자 월급이 95만 원 수준이었다. 오후 10시부터 오전 6시까지는 야간수당으로 1.5배 시급을 받는 야간 근무자들도 135만 원 정도를 받았다. 2006년에 입사했다는 밤 근무자 김은철은 "입사 후 6년 동안 120만 원 이상 받은 적이 없다"고 말했다.

노조는 최저시급으로 고정돼 있는 기본급 외에 따낼 수 있는 것부터 공략했다. 2012년 처음으로 설과 추석에 명절 상여금 10만 원을 받았다(지금은 15만 원으로 올랐다). 2013년엔 정규직들만 받던 복지포인트를 비정규직도 받을 수 있도록 했다. 2014년엔 경영평가 성과급이, 2015년엔 직무수당이 나왔다. 2016년에는 드디어 일한 경력을 인정해주는 근속수당이 생겼고, 2017년엔 가족수당이 생겼다. 2018년엔 최저임금까지 꽤 오른 데다 우정실무원들이 그토록 염원하던 식대 13만 원까지 받게 돼 이들의 월급도 창피한 수준은 면하게 됐다. 근속 연수에 따라 차이가 나긴 하지만 지금은 주간 근무자가 160만 원, 야간 근무자가 220만 원쯤 받는다.

매일 밤을 꼬박 새우며 일해서 200만 원 조금 넘게 받는 셈이긴 하지만 그래도 7년 만에 이룬 성과 치고는 결코 적지 않다. 이런 결실을 맺는 데 이중원을 비롯한 노조 간부들의 역할이 컸다. 이들은 해마다 국정감사가 열릴 때면 우정사업본부에 영향을 미치는 지식경제부, 국회 미래창조과학방송통신위(현 과학통신정보통신위원회)와 환경노동위에 소속된 민주당과 진보정당 국회의원실을 돌면서 우정사업본부 산하 비정규 노동자 처우 개선 요구안을 건

넀다. 정보공개청구로 받아낸 자료들을 객관적으로 분석해서 마련한 요구안들이었기에 의원실에서도 잘 받아줬다.

"지금도 우리 현실이 이렇다고 하면 국회의원들이 놀라는데 처음엔 더 했죠. 예산 문제가 걸려서 한꺼번에 많은 걸 얻지는 못했지만 조금씩 바꾸는 데 큰 도움이 됐어요. 지금은 국회 시스템을 다 꿰고 있어서 국정감사가 열리는 9월보다 각 부처에서 기재부에 예산안을 올리는 5~6월부터 아예 정부 예산에 반영될 수 있게 노력합니다."

현재 우정사업본부 소속으로는 직접고용 노동자만 정규직, 비정규직 합해 4만 3,000명이 있다. 2~3차 산하 위탁기관까지 합치면 최대 7만 명 정도로 본다. 그중 비정규직 비율이 17퍼센트가 넘어 비정규직 노동자만 1만 2,000여 명에 이른다. 우정실무원은 전국에 걸쳐 4,500명 정도가 일하고 있다. 전국우편지부는 국회에 우정실무원뿐 아니라 우정사업본부 산하 전체 비정규직들의 노동 현실을 알리면서 여러 성과들을 내왔다. 인천공항에서 특수경비를 하는 노동자들은 간접고용이어서 우정사업본부와 직접 상관이 없는데도 전국우편지부에 상담하러 왔던 인연으로 국회 요구안에 함께 올렸다가 정규직화가 되기도 했다.

전국우편지부는 함께할 든든한 우군들도 생겼다. 동서울 우편집중국뿐 아니라 고양과 성남, 부천 우편집중국에도 지회가 생겼다. 똑같이 우편물 분류·배달 업무를 하고서도 형식상 개인 사업자로 분류돼 열악한 노동조건에서 일해왔던 재택위탁집배원들도 전국우편지부에 가입해 처우 개선에 힘쓰고 있다.

또 전국우편지부의 조합원이던 우체국시설관리단과 우체국물류지원단이 지부로 독립했다. 우체국시설관리단지부는 우편집중국에서 청소·경비 일을 하는 노동자들이, 우체국물류지원단지부는 소포 분류만 위탁해서 맡고 있는 5개 물류센터에서 일하는 노동자들이 가입해 있다. 110명으로 시작한 전국우편지부는 7년 만에 우정사업본부 아래 2,000명이 넘는 비정규직들을 노동조합 둘레로 묶은 셈이다. 이런 움직임은 우정사업본부 안 새로운 정규직 노동조합 건설로 이어졌다. 우체국이 없는 지역에서 우편 업무를 하는 별정우체국 소속 노동자들이 전국별정우체국지부를 만들어 공공운수노소에 가입했다. 또 우정노조를 바꿔보자는 사람들이 모여 2016년 4월 정규직 집배원 중심인 전국집배노동조합도 설립됐다. 이처럼 우정사업본부 내 민주노조를 지향하는 전국우편지부, 우체국시설관리단지부, 전국별정우체국지부, 전국집배노조는 2018년 11월 민주우정협의회를 출범했다. 견고했던 우정사업본부의 틈을 벌리면서 숨 죽이고 있던 노동자들이 제 목소리를 내기 시작한 것이다.

전국우편지부는 밖에서 이렇게 왕성한 활동을 하며 그 존재감을 드러내는 한편 안으로는 뿌리 깊게 자리 잡은 봉건 질서를 바꾸는 작업도 함께했다. 우정실무원들은 서로 "우리 집중국엔 세 계급이 있다. 양반(행정직 공무원), 중인(기능직 공무원), 노비(비정규직)다"라고 농담을 주고받곤 했다.

이 계급 관계를 깨기 위해서는 그 다리가 되는 순환 근무를 투명하게 하는 체계를 갖추는 것이 필요했다. 기능직 공무원들이 비정규직들의 부서 이동이나 담당 업무를 좌지우지하면서 관리자들에게 줄 세우고, 우정실무원들끼리 서로 시기하고 미워하는 문화를 부추기는 걸 막을 비책은 공정한 순환 근무밖에 없었던 것이다. 행정부서와 1년 넘게 협상을 진행하며 줄다리기를 한 끝에, 2016년 동서울우편집중국은 전면 순환 근무 체계를 갖추었다. 시간외 근무가 거의 없는 업무를 2년 하면 무조건 시간외 근무가 있는 일로 발령을 내도록 한 것이다. 시급이 적어 한두 푼이 아쉬운 비정규직들에겐 시간외수당이 중요했는데 그 문제를 해결한 셈이다. 그와 함께 조기 출근 인원도 늘려서 원하는 사람은 모두 조기 출근이 가능해졌다. 이중원은 이를 "완벽한 승리"라고 표현했다.

"순환 근무 투쟁은 근본적으로 권력의 역학 관계를 바꿔버린 겁니다. 사측과 우정노조의 활동과 자기 기득권을 유지하기 위한 관리 체계를 깨버린 거죠. 우리 계 소식이 쫙 퍼져서 다른 곳에서도 업무 조절을 함부로 못하는 본보기가 됐습니다."

잠이 사라진 야간 노동자의 삶

이중원은 현재 순환 근무로 발착계에서 소포들로 채워진 파렛트들을 화물차들에 싣는 소포 발송 업무를 하고 있다. 입사 후 5년 동안 했던 소포들을 파렛트들에 채우는 업무는 매주 3~4회 오후 6~7시까지 조기 출근을 해야 하지만 지금 일은 오후 10시 정시

여기는 눈, 손, 발 모두 쉴 새가 없다.

기계 속도가 너무 빠르니 딴짓은커녕 자세를 바꿀 짬도 없다.

계속 서서 같은 자세로 같은 동작을 하니 근골격계 질환이

필히 생기겠다는 예감이 든다.

출근만 해도 된다. 2017년부터 타임오프제**를 적용받아 전국우편지부장으로 참여하는 노조 활동 시간의 일부도 인정받고 있다.

덕분에 잠잘 짬이 생겼다. 그동안은 밤에 일하고 낮에 노조 회의나 집회 준비와 참석, 현장 방문과 사람들 만나기를 하느라 길게 잘 짬이 없었다. 밤에 일할 때 1시간 30분마다 있는 30분의 휴식시간에 쪽잠을 자거나 퇴근 후 집에 잠시 들러 한두 시간 자는 날이 절반이 넘었다. 어쩌다가 5~6시간 자면 많이 자는 거였다. 그는 "지금도 길게 못 잔다. 한두 시간씩 쪽잠을 잔다"고 했다. 야간 노동 7년차에, 노조 활동까지. 잠이 사라진 그의 생활은 어떨까.

"지금은 적응이 좀 됐어요. 그래도 집에 갔다가 낮 12시나 1시쯤 나오면 내가 봐도 내가 시든 배춧잎마냥 시들시들해 보여요. 낮엔 몽롱하고 말도 잘 안 나오죠. 그러다가 오후 7~8시쯤 어두컴컴해지면 살아나기 시작하고요. 우리끼리 있을 때는 잘 모르는데 다른 데 가면 서로가 푸석푸석해 보여요. 야간 노동이 2급 발암물질이라고 하던데 맞는 말이에요."

동서울우편집중국에서 만난 그의 동료들도 길게 자는 게 힘들다고 고백했다. 잠이 들기까지 오래 걸리고 두세 시간마다 자주 깬단다. 그러면서도 쉬는 날에도 새벽 1~2시엔 눈이 반짝반짝하다며 밤 생활에 적응한 신체 변화를 들려줬다.

몸이 고달프긴 해도 우편집중국에서 일하는 많은 노동자들

** 근로시간 면제 한도제로 노조 전임자가 근무시간에 노조 일을 하는 것을 일정 시간 인정해주는 제도.

은 야근조에 속하길 바라고, 몇 시간씩 일찍 나오는 조기 출근을 반긴다고 했다. 이중원은 그 까닭을 이렇게 설명했다.

"받는 월급이 생활임금 수준 이하로 열악하다 보니 그걸 보충하느라 야간 노동이 강제되고 있는 측면이 있죠. 결코 자발적 야간 노동이라고 볼 수 없어요. 다들 몸이 힘들다고 하니까요."

'자발로 포장된 강제 야간 노동'이란 말을 들으니 우정실무원들의 밤 근무가 어떤지 그 결이 더 분명하게 다가왔다. 이처럼 이들은 몸속에 언제 터질지 모르는 시한폭탄을 숨기고 있다. 이들이 느끼는 또 하나의 어려움은 인간관계. 야간 노동에 적응할수록 인간관계는 점점 멀어진다. 일반인들이 친목 모임을 하는 시간에 이들은 출근을 해야 하니 어려울 수밖에 없다. 이들이 우편집중국이 아닌 다른 곳에서 일하는 사람들을 만나기란 정말 어렵다. 얼굴을 보는 대신 카카오톡 메시지로 대화하며 관계를 이어간다. 친구들은 그러려니 하겠지만 상대가 가족이면 말이 달라진다. 우정실무원들은 가족을 위해 일하면서도 가족의 얼굴은 정작 잘 보지 못하는 아이러니한 삶을 살고 있었다.

우정실무원들이 들려준 새벽에 하는 회식 풍경도 '웃펐다'. 새벽에 퇴근해 갈 수 있는 곳이 24시간 감자탕이나 순댓집, 치킨집으로 한정돼 있어 회식을 하다 보면 다 만난단다. 피하고 싶은 사람들까지도. 게다가 회식 후 고기 냄새 폴폴 풍기면서 아침에 지하철을 타게 될 때는 본의 아니게 민폐가 된다고.

여성, 비정규직 중에서도 제일 약한 고리

쉬는 시간에 소형계로 올라갔다. 소형계는 편지봉투에 담긴 우편물을 취급하는 곳이다. 소형계와 함께 서류봉투에 담긴 우편물을 다루는 대형계, 특급으로 보내는 귀금속, 유가증권, 등기우편을 취급하는 특수계에는 여성 노동자들의 수가 많다. 힘을 많이 써야 하는 소포계에도 여성들이 있어, 동서울우편집중국에서 일하는 전체 우정실무원 430여 명 중 절반 가까이를 차지한다.

퇴근을 하던 소형계 여성 실무원 한 명이 여성으로서 느끼는 어려움을 털어놓았다. 그녀는 15년 동안 이곳에서 일했다.

"원래 입사할 때는 힘쓰는 기계 작업은 남자들이 하고 여자들은 손으로 하는 작업만 하기로 했어요. 그런데 워낙 임금이 적어서 남자들이 안 들어오니까 여자들도 기계 작업에 투입하는 거지. 소형계에서 분류된 우편물들이 박스에 쌓이면 20킬로그램쯤 돼요. 그걸 둘이 들어서 파렛트에 채우는 작업을 하는데, 2시간만 해도 나가떨어져요. 그런데 어떤 주임은 뒤에서 전동차에 앉아 그걸 쳐다보고 있어요. 여유 부리나 보는 거지."

소형계에서 일하는 모습을 직접 봤다. 한 사람이 뒤에 있는 파렛트에서 바구니를 들어 속에 있는 우편물들을 탁탁 털어 분류기계에 쏟아냈다. 고무줄로 묶인 무더기는 고무줄을 벗기고, 방향이 맞지 않은 우편물은 슬쩍 뽑아 방향도 맞춰준다. 문제는 분류기가 우편물들을 끌어가는 속도가 엄청나게 빠르다는 것. 1초에 수십 통씩 우편물이 사라지니 기계가 멈추지 않게 하려면 손을 쉴 새

없이 놀려야 한다. 그러면서 중간중간 기계에 걸린 우편물도 빼줘야 한다. 분류기를 통과한 우편물은 빛의 속도로 작은 컨베이어벨트를 타고 가 '사사삭' 우편번호 지역별로 모인다. 안쪽에서 두 사람이 지역별로 모인 우편물을 이쪽저쪽 오가면서 바구니에 담는다. 여기는 눈, 손, 발 모두 쉴 새가 없다. 기계 속도가 너무 빠르니 딴짓은커녕 자세를 바꿀 짬도 없다. 계속 서서 같은 자세로 같은 동작을 하니 근골격계 질환이 필히 생기겠다는 예감이 든다. 분류기에 우편물을 집어넣던 김진숙이 말했다.

"처음 여기 왔을 땐 발바닥에 굳은살이 다 박이고 정말 힘들었죠. 허리, 팔꿈치 안 아픈 데가 없어요."

요즘 누가 편지를 보내나 싶지만 손편지가 사라진 만큼 고지서들이 늘어났다. 취재 간 날도 건강보험공단에서 송파구 주민들에게 보내는 안내 우편물만 커다란 롤파렛트 하나를 채우고 있었다. 소포계 못지않은 노동 강도가 짐작됐다. 그런데 소포계는 직무수당을 10만 원 받는 데 비해 소형계는 3만 원을 받고 있다.

"말은 소포계 일이 힘들어서 그렇다고 하지만 소형계도 만만치 않거든요. 시간도 더 빠듯하고요. 월급이 적어 지방에서 사람이 안 구해져서 소포계 직무수당이 높다고도 하는데 소형계는 여자가 많고 소포계는 남자가 많거든요. 여자들 거 떼서 남자들 주는 거 같아 씁쓸해요."

그러고 보니 소형계는 근무시간이 좀 달랐다. 오후 11시에 출근해서 오전 8시 퇴근이다. 2012년에는 소형계와 대형계만 야

"지금은 적응이 좀 됐어요. 그래도 집에 갔다가
낮 12시나 1시쯤 나오면 시든 배춧잎마냥 시들시들해 보여요.
낮엔 몽롱하고 말도 잘 안 나오죠. 그러다가
어두컴컴해지면 살아나기 시작하고요.
야간 노동이 2급 발암물질이라고 하던데 맞는 말이에요."

간 근무가 없어지기도 했다. 밤 근무 사이클로 생활이 다 짜였던 소형계, 대형계 사람들은 다시 생활주기를 완전히 바꿔야 하는 어려움을 겪어야 했다. 게다가 야간 근무가 중근이 되면서 월급도 많이 줄어들었다.

그 시간을 견디면서 바뀐 생활에 좀 적응했다 싶을 즈음인 2016년 4월, 소형계에 야간 근무가 부활했다. 소형계 우정실무원들은 다시 밤 근무에 적응하도록 생활 전체를 뒤집어야 했다. 사측 지시에 이리저리 끌려 다니는 게 좋지는 않지만 익숙했던 생활로 돌아와 소형계 밤 근무자들은 만족하고 있다. 그런데 기존 인원이 전부 다 복귀한 게 아니다. 물량에 따라 입사 순으로 정해놓은 순번대로 복귀하면서 아직 두 명은 야근에 자리가 나길 기다리고 있다.

소형계 사람들을 괴롭히는 건 또 있다. 밤 11시에 끝나는 중근조 퇴근시간이다. 막차시간과 맞물려 끝나자마자 지하철역이나 버스정류장으로 뛰어가는 생활을 계속하고 있다. 야근자들은 야근자대로 아침 8시에 끝나 지친 몸을 끌고 집으로 갈 때 출근시간과 겹쳐 만원 버스나 지하철에서 시달린다. 소형계 야근조 출근시간을 밤 10시로 바꿔 이런 불편함을 바꿔달라고 동서울우편집중국 측에 계속 건의를 하고 면담도 했지만 해결되지 않았다. 그래서 지금은 1인 시위까지 하고 있는데 언제 해결될지 모르겠다. 대상자들이 비정규직에서도 약한 고리인 여성들이기 때문은 아닐까?

"노숙자 시설도 이보다는 낫겠죠?"

새벽 4시 30분, 소포들로 채워진 파렛트를 화물차에 싣는 발착계 사람들의 작업을 지켜보러 2층에서 지하로 내려갔다. 때는 설 연휴가 막 지난 2월, 소포들을 파렛트에 싣는 2층은 사방이 막혔는데도 썰렁했다. 그런데 지하는 거기에 더해 화물차가 들어올 때마다 철제문들이 올라가면서 칼바람이 들이닥쳤다. 내복까지 챙겨입고 갔는데도 속수무책이었다. 정말 춥다고 하니 이중원은 "이건 양반이에요. 올겨울엔 영하 15도 이하까지 내려가는 날이 많아서 진짜 추웠어요. 귀마개 하고 마스크까지 써도 소용없더군요."

이렇게 추운데도 추위 피할 곳이 마땅찮다. 2층에서 기둥에 달린 손바닥만 한 전열기구를 보고 어이없었는데 지하에는 기내용 여행가방보다 작은 전열기구가 있다. 크기는 좀 커졌지만 추위는 대여섯 배 이상으로 느껴지니 이 역시 무용지물이다. 행정지원과도 조금 미안했는지 실무원들이 대기하는 공간 양쪽으로 나무 기둥을 세우고 비닐로 막아놨다. 그러면 뭐하나. 천장과 앞이 뻥 뚫려 있어 바람을 그대로 맞는 걸. 이런 걸 보고 전형적인 생색내기라고 하나 보다. 건너편에는 정규직들이 업무를 보는 사방이 벽돌로 막힌 따뜻한 공간이 보인다. 비교 체험 극과 극을 이렇게 보니 입맛이 쓰다. 우정실무원들이 이런 공간을 보이는 게 민망했는지 "노숙자 시설도 이보다는 낫겠죠?" 한다.

현실을 한탄하기도 잠깐, 2층에서 내려오는 화물 엘리베이터가 열리자마자 실무원들이 빠르게 엘리베이터로 다가가 끌고

달빛 노동 찾기

온 롤파렛트를 줄 세운다. 양쪽에 있는 화물 엘리베이터가 번갈아 열리니 의자에 앉을 새도 없다. 계속 그쪽으로 달려가야 한다. 어느 정도 파렛트들이 모이자 잠시 후 자동차 소리가 들린다. 파렛트들을 실어갈 화물차가 도착한 것. 트랜스포머처럼 철제문이 열리자 이젠 그냥 야외다. 늦겨울의 새벽녘 찬 기운이 뼛속으로 스민다. 추위도 추운데 매캐한 냄새가 코를 찌른다. 저절로 찌푸려지는 내 눈살을 봤는지 한 실무원이 "아이고 매연~" 하면서 "겨울에는 화물 기사들이 시동을 잘 안 끄고 공회전을 시킨다"면서 냄새가 나는 까닭을 설명한다.

엘리베이터가 내려오고 화물차가 오가는 중간중간 실무원들이 "절임 배추 들어오는 김장 시기가 가장 힘들어요. 김치는 꼭 쌀이랑 같이 오거든. 그때는 육두문자가 저절로 나와요" 같은 생생한 이야기들을 들려줬지만 새벽 5시 반이 넘어서자 눈꺼풀이 무거워졌다. 실무원들은 찬바람을 맞으면서 일하고 있는데 나는 따뜻한 난로 옆에 앉아 꾸벅꾸벅 졸았다. 내 신체리듬은 아직 밤 생활에 적응하지 못했다고 자위하면서.

몽롱한 상태로 있는데 어느새 일을 마쳤는지 사람들이 집에 가자고 불렀다. 작업장을 벗어나자 하늘이 어렴풋이 그 빛깔을 드러내고 있었다. 마치 밤 속에 파묻혀 세상에 드러나지 않던 우정실무원들의 노동을 보여주듯이. 그 빛깔도 점점 밝아지고 있었다.

무엇이
그의 심장을
멎게 했을까

대학 시설관리 노동자 장석정·심학재 씨

기록 최규화

2015년 가을쯤의 일이다. 서울 삼성동에 있는 회사에 잠시 다닐 때였다. 어느 날 회사에 이상한 소문이 돌았다. 바로 옆 회사에서 사람이 죽었다는 거였다. 이름만 대면 누구나 알 만한 대형 전자상거래 회사였다. 소문이라 정확하진 않지만 죽은 사람은 30대 후반 남자라고 했다. 사인은 심장마비. 저녁에 퇴근해 집에 갔다가 밤에 다시 출근하라는 회사의 지시를 받고 출근하려다 돌연사했다는 것이다.

야근 많기로 유명한 회사였다. 아침 7시 출근, 밤 12시 퇴근이 보통이라는 소리도 있었다. 무서웠다. 우리도 그에 못지않게 야근을 많이 하고 있었다. 일요일 밤에 아이들에게 잘 자라는 인사를 하고 나면 돌아오는 토요일 아침까지 아이들 얼굴은 못 보는 거라고 여기고 살았다. 정말 야근 때문에 죽은 건가 의심스러웠지만, 소문은 거기까지였다. 정확한 진상도 알려지지 않았고, 더욱이 그의 죽음이 야근 때문인지는 밝혀지지 않았다.

그로부터 2년 뒤, 또 한 번의 죽음을 접했다. 한 국립대학교 시설관리 노동자가 야간 근무 도중 일터에서 돌연사했다는 소식이었다. 신문에도 나지 않았다. 지인의 SNS를 통해 소식을 들었을 뿐. 이번에도 소문으로 머물다 사라지게 하고 싶지는 않았다. 2017년 10월 22일 나는 그들의 이야기를 들으러 갔다.

학교 안 어느 건물 지하, 그들이 근무하는 기계실에 들어섰다. 어두운 청색과 회색이 섞인 작업복을 입은 이들이 우리를 맞았다. 각종 기계들이 돌아가면서 내는 '웅~' 하는 소음과 함께 쇠냄새 같은 것이 강하게 느껴졌다. 사람 키보다 더 큰 거대한 보일러들이 '제한구역'이라 적힌 문 안쪽으로 자리하고 있었다.

'제한구역' 문 옆으로 또 다른 문이 있고, 그 안에 노동자들이 일하고 쉬는 공간이 있었다. 가장자리로는 책상 몇 개, 가운데에는 서너 사람 둘러앉을 수 있는 테이블이 있었다. 한쪽 벽에는 다양한 크기의 공구들이 가지런히 걸려 있었고, 작은 커피 자판기도 보였다. 방 한쪽에는 두 사람 정도 꽉 차게 누울 수 있는 작은 침상 같은 것이 있었는데, 야간 근무자들이 잠깐씩 눈을 붙일 때 누울 수 있게 만든 곳이었다.

이 대학교에는 모두 60여 명의 시설관리 노동자가 일하고 있다. 기계 분야에 40여 명, 전기 분야에 20여 명. 그날 기계실에서 만난 장석정(가명·남) 씨와 심학재(가명·남) 씨는 기계 분야에 속해 있다. 이들은 보일러, 냉동기 같은 냉난방 시설을 비롯해, 공기 조화 시설, 위생 시설, 환기 시설, 가스 시설, 소방 시설 등의 유지 관리 업무를 한다. 장석정 씨는 "저희 업무는 전기 쪽 일만 빼놓고 시설물 관리부터 작게는 화장실 막힌 것까지 다 한다고 봐야죠. 땅 팔 일 있으면 땅도 파고, 배관 수리, 철거, 설치, 광범위하게 업무가 많죠"라고 설명했다.

큰 키에 말수가 적고 표정도 별로 없는 장석정 씨는 전형적인(?) 충청도 사내였다. 마흔다섯 살인 그는 1998년 스물다섯 살에 이곳에서 처음으로 사회생활을 시작했다.

"이런 일은 처음이었죠. 이렇게 큰 보일러가 있다는 걸 그때 처음 알았어요. 사회생활을 잘 모르는데, 여기는 사람들이 많이 있잖아요. 그때가 월급은 적었지만 사람들하고 대화도 많이 하고 좋았어요. 시키는 것만 잘하면 크게 어려운 건 없었어요. 단순 교체 같은 건 몇 번 해보면 손에 익고, 3~4년 정도 되면 어느 정도 알거든요. 오래 일한 사람들이 주된 업무를 하고, 얼마 안 된 사람들은 보조 역할을 하죠."(장석정)

2005년 입사한 심학재 씨는 1957년생. 2018년 2월 정년퇴직을 앞두고 있었다. 첫 직장생활을 이곳에서 시작한 장석정 씨와 달리 심학재 씨의 이력은 조금 더 파란만장하다. 집안 사정 때문에 초등학교도 마치지 못한 심학재 씨는 "이리저리 떠밀려 다니다 보니까 여기까지 왔다"고 회고했다.

용접 기술자였던 심학재 씨 역시 시설관리 일은 이곳에서 처음 접했다. 2005년 3월 그가 받은 첫 월급은 110만 원. 장석정 씨가 1998년 3월에 받은 첫 월급은 65만 원이다. 40대 중반인 장석정 씨는 이곳에서 일하는 노동자들 가운데 젊은 축에 든다. 30대가 한두 명, 40대가 또 몇 명 있고 나머지는 다 50대. 장석정 씨는 "주로 돈 때문에. 젊은 사람들은 이직을 많이 했어요"라고 덧붙였다.

야간 근무, 항상 긴장된 마음으로

두 사람이 일하는 기계 분야는 학교 전체를 크게 네 지역으로 나눠 각각 네 개의 팀이 맡아 일하고 있다. 평일 주간에는 모두 같이 일한다. 주간에는 민원이 계속 들어오기 때문에 민원을 처리하는 게 중요한 일이다. 그 밖에도 일일 점검, 주간 점검, 월간 점검, 분기 점검으로 나뉜 점검 업무를 하고 있다.

야간에도 시간에 맞춰서 해야 하는
일이 있고 언제 어떤 '민원'이 발생할지 모르는 일이라
제대로 잠을 청하기는 어렵다.

주간 근무가 끝나면 팀마다 한 명씩 남아서 다음 날 아침까지 야간 근무를 한다. 매일 팀에서 한 사람은 24시간 근무를 하는 것이다. 또 주말과 휴일에는 주간에도 한 사람이 출근해 다음 날 아침까지 꼬박 일한다. 야간 근무 때 하는 업무는 담당하고 있는 건물에 따라 정도가 조금씩 다르다.

"중앙도서관에는 24시간 공부하는 학생들이 있으니까 그런 곳은 냉난방을 돌려야 돼요. 24시간 가동해야 하는 야간 근무도 있고, 대기나 순찰 개념의 야간 근무도 있고 그래요. 예전에는 두 지역 합쳐서 야간 근무를 두 명씩 했어요. 같이 밥도 먹고 같이 순찰도 돌고. 지역 편성을 다시 하면서 지금은 각 지역마다 한 명씩 야간 근무를 서요. 시설 가동하는 곳은 세 군데, 순찰하는 곳은 한 군데."(장석정)

건물에 따라 기계를 밤새 돌리는 곳이 있고, 일정 시간이 되면 기계를 끄는 곳이 있다. 기계실 한쪽에는 야간 근무자들이 쉴 수 있는 침상이 있어서 잠시 눈을 붙일 수도 있다. 하지만 야간에도 시간에 맞춰서 해야 하는 일이 있고 언제 어떤 '민원'이 발생할지 모르는 일이라 제대로 잠을 청하기는 어렵다.

"오래된 건물은 겨울철에 동파에 취약해요. 수압이 세잖아요. 쪠깐한 게 터지면 별 상관이 없는데, 동파가 되면 관이 쭉 찢어진단 말이에요. 그게 화장실 같으면 상관이 없는데 사무실이나 고가의 실험 장비가 있는 실험실 같은 곳이 문제예요. 그쪽은 물바다가 되는 거죠. 응급 처리가 지연되면 또 아래층으로 물이 떨어지니까 그런 게 큰 사고죠. 야간에는 당황하면 평소에 잘하던 것도 안 돼요. 그럴 때는 다른 팀 야간 근무자한테 도움을 청해서 같이 해결하고 그래요. 장마철에도 긴장을 해야 되죠. 여기(지하 기계실) 있으면 비가 얼마나 오는지 잘 몰라요. 천둥 치고 해도 기계 소리 때문에 들리지도 않고. 지하에서 근무하는 팀이 두 팀 있고 바깥을 볼 수 있는 팀이 두 팀 있어요. 그래서 비가 많이 오면 서로 연락 좀 해달라고 해요."(장석정)

장석정 씨는 몇 년 전 야간 근무 때 도서관 건물에서 수도관이 터진 사고를 기억했다. 시설 노후가 원인이었다. 책이 잔뜩 있는 도서관. 24시간 열람실에는 학생들도 많았다. 설상가상 응급조치가 제대로 되지 못해 아래층으로 물이 떨어졌다. 다른 팀에서 야간 근무를 서던 사람들까지 다 모여서 가까스로 해결할 수 있었다. 그는 "너무 일이 커지면 야간 근무자들뿐 아니라 집에서 쉬고 있는 다른 팀원들까지 불러야 돼요. 그렇게 밤늦게까지 치우고 하는 일들도 몇 번 있었어요"라고 말했다.

"처음에 입사해서 야간 근무를 하면 잠을 조금씩 자긴 하는데 기계 돌아가는 소리도 있고 해서 몇 개월은 다음 날 힘들어요. 그래도 좀 지나면 익숙해지고 요령이 또 생겨요. 기계를 24시간 돌리는 팀은 여기고, 나머지 세 팀 중 한 팀은 순찰 개념으로 일하고, 또 두 팀은 일정 시간이 되면 기계를 꺼요. 눈 좀 붙였다가 새벽에 다시 가동하고. 그래도 전화가 와서 민원이 발생됐다고 하면 가서 처리를 해야죠. 내가 관리하는 건물은 어디가 터졌을 때 어디 밸브

를 잠가야 한다는 위치는 항상 숙지를 하고 있어야 돼요."(장석정)

"야간 근무 하면 항상 신경을 써야 돼. 마음적으로 부담을 안고 있어야 되잖아. 터질 확률은 드물어도 그날이 오늘이 될 수 있으니까 항상 긴장된 마음으로 근무를 해야 되고. 당직자(야간 근무자)는 아침에 출근해서 하루를 일하고 또 밤새 일하는 거니까 힘들어요."(심학재)

이들은 야간 근무 한 번에 4만 원의 수당을 받는다. 2016년 인상되기 전까지 수당은 2만 원이 채 안 됐다. 왜일까. 밤을 꼬박 새우며 일하는데 수당이 2만 원밖에 안 됐다니. 2016년 3월 28일 공공비정규직노동조합이 낸 기자회견문을 보면 이들의 상황을 이해하는 데 도움이 된다.

○○대학교는 오늘 이전까지 지난 십수 년간 법에서 정한 감단 신청(감시단속적 근로 적용 제외 승인 신청)을 하지도 않은 상태로 시설관리 노동자들에게 야간 근무를 시행해오고 있다. 이럴 경우 회사는 정상적인 근무와 마찬가지로 연장·야간수당을 지급해야 한다. 노동조합에서는 위 사실에 대해 지난 3년간 야간 근무자에 대한 연장·야간수당을 지급할 것을 △△지방고용노동청에 진정을 접수하였고 조사를 진행하고 있는 상황이며 근무자 1인당 연간 1천만 원이 넘는 정도의 막대한 체불 금액이다.

'감시단속적 근로자'는 "감시 업무를 주 업무로 하며 상태적으로 정신적·육체적 피로가 적은 업무에 종사하는 자"를 말한다. 줄여서 흔히 '감단직'이라 부른다. 이들은 야간 근로(오후 10시~오전 6시) 수당 외 근로기준법상 휴일·휴게·연장근로에 관한 규정을 적용받지 않는다. 하지만 학교는 감단 신청을 하지도, 근로기준법상 규정을 적용하지도 않았다. 그러다 문제가 불거지자 학교는 노동자들에게 '동의서' 작성을 강요했다. 인터뷰에 함께한 이영훈 공공비정규직노동조합 지부장은 상당히 복잡한 과정들이 있었다고 설명했다.

그의 말에 따르면, 회사가 감단 신청을 하면 노동부는 실제로 그 일이 감시단속적 근로에 해당하는지 실사를 한 뒤에 승인해야 한다. 하지만 실제로는 일일이 실사하는 대신 노동자들의 '동의서'를 보고 승인하는 경우가 다반사라고 한다. 그렇기 때문에 회사는 노동자들에게 강압적으로 동의서를 받는 경우가 많다. 이 대학교에서도 노동자들의 동의서를 받아 감단 신청을 했는데, 실제로 승인 조건에 맞지 않는 것이 많았다.

"감단 신청이 노동부의 승인을 받으려면 사업장 안에 별도의 휴게 시설 같은 게 설치돼 있어야 되고, 실제로 하루 전체 근무 중에서 대기하는 시간이 많다는 게 입증돼 돼요. 이런 조건들이 충족이 안 된 상태로 회사가 신청을 했는데 노동부에서는 동의서만 보고 승인을 해준 거죠. 그래서 우리(노동조합)가 다시 감단 승인 취소 신청을 냈고. 결론적으로 취소가 된 거죠."(이영훈)

이후 야간 근무 수당은 4만 원으로 인상됐다. 감단 신청은 더이상 추진되지 않고 있다. 이영훈 씨는 '감시단속적 근로'라는 것 자체가 문제가 있다고 본다. 감시적 근로자로 인정받으려면 ▲심신의 피로도가 적고 ▲감시적 업무를 본 업무로 하며 ▲1일 근로시간 12시간 이내 또는 휴게시간 8시간이 확보된 24시간 교대제 등을 동시에 충족해야 한다. 시설관리 업무를 감시단속적 근로라고 보기에는 애매한 부분이 많다는 것이다.

"노조 가입해보니까 좋은 점이 많거든요"

이들에게 야간 근무 수당보다 더 중요한 문제가 있다. 바로 '직접고용'. 이들은 학교의 정규 직원이 아니라 용역업체 소속이다. 장석정 씨는 20년째 이곳으로 출근하고 이곳에서 일하고 이곳에서 퇴근하지만 이 대학교의 직원이 아니다. 1998년 장석정 씨가 입사할 때도 그랬다. 처음에는 한 회사 소속으로 3년 정도씩 일했지만, 지금은 매년 용역업체가 바뀔 때마다 이력서를 다시 쓰고 '서류상의' 퇴사와 입사를 반복한다.

2011년 8월 이 학교의 미화원 노동자들이 먼저 공공비정규직노동조합에 가입했다. 3개월 뒤에 시설관리 노동자들도 가입했다. 전체 60여 명 가운데 팀장들 등 일부를 제외한 55명이 노동조합에 가입했다.

"사무실(사측)에서 탈퇴하라는 압박도 많이 받았어요. 기계실로 찾아오기도 하고. '노조 하면 직급 인정 안 해주겠다' 그래서 실제로 몇 명 탈퇴했어요. 근데 노조 가입해보니까 좋은 점이 많거든요. 일단 몰랐던 게 너무 많더라고요. 우리도 법의 보호를 받을수 있고 권리를 찾을 수 있다는 게 많이 느껴졌죠."(장석정)

그런데 이들이 노동조합에 가입하자마자 바로 해고 사건이일어났다. 해마다 겪는 용역업체 교체 과정에서 노동조합 조합원두 사람의 고용 승계를 거부한 것이다. 두 사람 중 A씨가 해고된것에 대해 이들은 의문을 제기했다. 이들은 A씨가 노동조합 가입을 주도했기 때문에 해고됐다고 주장한다.

"A씨가 노조의 필요성에 대해서 많이 얘기했어요. 팀원들한테 그런 생각을 많이 심어줬고 많이 동의해서 가입했죠. 저보다 오래된 고참인데 일하는 거에 불만이 많아서 팀장, 부장 있는 회의자리에서도 그런 말을 많이 했나 봐요. 저희는 노조 결성하는 데그분이 주동자라고 해서 재계약이 안 됐다고 생각해요. 눈엣가시인 사람을 찍어내려고 하는 게 눈에 보였어요. 그래서 그때 처음으로 파업을 했죠."(장석정)

2012년 6월 19일 갑작스레 시작한 첫 파업. 사측은 '민형사상 소송'을 운운하는 문자메시지를 조합원들에게 보냈다. 노동조합은 일주일 동안 학교 정문에 천막을 치고 전면 파업을 벌였다. 결국 해고된 두 사람 중 한 사람은 먼저 복직하고, 다른 한 사람은결원이 생기면 우선적으로 채용하기로 합의했다.

이들이 노동조합에 가입하게 된 배경에는 이른바 '갑질'이라는 것이 있었다. 회사에 잘 보이고 못 보이고 하는 것에 따라 임금에 차별을 두는 행태는 흔하게 있었다. 그리고 이들의 정년은 학교가 정하는데, 학교가 보호해주려는 사람을 위해서 갑자기 정년을 늘리는 일도 있었다 한다. 이영훈 씨는 "정년이 무슨 고무줄도 아니고, 잘 보이는 사람한테는 정년까지 늘렸다 줄였다 하는 걸 보니까 불만이 쌓일 수밖에 없었어요"라고 말했다.

"봉급을 누구는 5만 원 올려주고 누구는 1만 원 올려주고 그런 건 많이 있었어요. 그리고 예전에는 소장이 아는 사람 아파트 가서 이삿짐 좀 날라줘라, 그런 것도 있었어요. 저도 학교 시설과 직원 아파트에 장롱 옮긴다고 간 적이 있었어요. 한번은 학교 직원이 교회 다니는데 자기네 교회 행사 한다고 직원들을 데리고 갔죠. 한 사람이 자기는 천주교 신자라 안 가겠다고 하니까 막 '쿠사리'를 주고. 그때 전체가 한 40명 있었다면 한 30명은 갔던 것 같아요. 주말에 가서 두세 시간 있다가 밥 얻어먹고 왔죠."(장석정)

이영훈 씨는 2012년 해고 사건 때 학교가 보인 무책임한 태도도 지적했다. 이영훈 씨는 당시 학교 공무원들에게서 '우리(학교 측)도 해결하고 싶은데 채용은 용역회사에서 결정하는 거다'라는 말을 들었다. "용역업체와 갑을관계에 있는 학교는 말 한마디로 해결할 수 있었을 거예요. 그런데 학교는 끝까지 용역회사가 결정하는 거라고만 했어요"라고 이영훈 씨는 덧붙였다.

사실 학교와 용역업체 간의 '과업지시서'상에도 인사 문제에 대한 학교 측의 권한은 분명히 명시돼 있다. "학교는 종업원의 교체를 요구할 수 있으며 계약 상대자(용역업체)는 이에 응하

여야 한다"거나, "종업원을 현장에 배치코자 할 때에는 학교에 기술 정도 및 신원에 관하여 승인을 받은 후 배치하여야 한다"는 식으로 용역업체의 채용과 해고 문제에 직접 관여할 수 있는 근거들이 있다.

"예전에는 점심시간에 학교 사무실 직원들 밥 먹으러 가면 우리가 사무실을 지키고 그랬어요. 그 사람들 밥 먹고 올 동안. 왜 그래야 되는지 모르겠는데 그냥 관행처럼 여겨진 거죠. 노동조합 만들면서 그런 것도 없애버리고, 누구 집 이삿짐 나르는 거, 교회 나오라 하는 거 이제 없어졌어요. 사무실 사람들이 우리를 대하는 게 달라진 게 큰 변화죠. 예전처럼 자기들 마음대로 부리면 안 된다는 걸 알게 된 거니까."(장석정)

2016년 6월에도 파업을 했다. 2주일 동안 야간 근무를 거부했고, 하루 동안 전면 파업을 했다. 가장 큰 이유는 임금 문제였다. 이들은 용역업체가 3개월 동안 임금을 제대로 지급하지 않았고, 대학 측은 이를 묵인했다고 주장한다. 전면 파업은 하루뿐이었지만 갈등은 그해 3월부터 8월까지 반년 동안이나 이어졌다.

예상치 못한 죽음의 순간, 그는 무슨 생각을 했을까

2017년 9월 9일 아침, 바로 그 '사건'이 있었다. 2016년의 파업을 주도했고 이후로도 노동조합의 크고 작은 문제에 앞장서던 부지부장 홍기원(가명·남) 씨가 기계실에서 사망한 채로 발견된 것이다.

홍기원 씨는 9월 8일 야간 근무자였다. 토요일이었던 다음 날 아침, 다음 근무자가 교대를 하기 위해 당직실로 왔을 때 그의 모습이 보이지 않았다. 1시간쯤 뒤 교대 근무자는 기계실 구석에서 쓰러져 숨져 있는 그를 발견했다. 경찰이 밝힌 사인은 심관상동맥경화에 의한 허혈성 심장질환. 흔히 말하는 돌연사였다.

"저는 8일 날(사망 하루 전) 저녁 먹고 헤어지기 직전까지 같이 있었어요. 그날 오후 4시에 노조 교육이 있었어요. 끝나고 근무처에 가서 얘기 좀 나누다가 저는 나왔는데, 그다음 날 돌아가신 거죠. 집에 있다가 연락받았는데 정말 놀랐죠. 작업할 때나 노조할 때나 그분이 헌신적으로 일을 많이 했어요."(장석정)

"그렇게 될 줄은 꿈에도 몰랐어요. 점심 먹으러 가는데 옆 사람이 '홍기원 씨가 죽었다' 그러길래 내가 '말도 안 되는 소리 하고 있다' 그랬어요. 그렇게 활발하고 회사 쪽에도 늘 당당하게 나서던 사람이 갑자기…… 동료로서 젊은 사람이 먼저 갔다는 게 참 마음이 아프고……"(심학재)

홍기원 씨의 나이는 52세. 2013년 12월부터 이곳에서 일했다. 그가 그렇게 죽을 거라고 생각한 사람은 단 한 사람도 없었다. 술담배를 하긴 했어도 죽음을 걱정할 정도로 심각한 지병이 있는 것도 아니었다. 경찰이 사인이라 밝힌 '심관상동맥경화에 의한 허혈성 심장질환'은 그가 죽은 진짜 이유가 아니다. 그의 심장을 멎게 한 것은 무엇일까. 그의 죽음은 그의 '노동'과 정말 무관한 것일까.

내가 만난 그의 동료들은 노동조합 활동에서 온 스트레스

시설관리 노동자는 건물의 동맥과 정맥이
제 기능을 다하도록 살피며 건물 곳곳으로 '피'가 돌게 하는 일을
하는 사람이다. 그런 일을 하는 사람의 몸속 혈관 어디에선가
그 피가 막혀버렸다.

도 그를 더 힘들게 했을 거라 추측하기도 했다. 이영훈 씨는 "특히 2016년에는 스트레스가 심했을 거 같아요. 한 6개월간 (회사 측과) 계속 싸우고 늘 긴장된 상태로 (회사 측에) 대응하셨을 거니까"라고 말했다. 장석정 씨도 "혼자 (노동조합) 일을 다 처리하려는 사람이었어요. 혼자 다 안고 가려고 하는데 잘 안 되니까 스트레스 많이 받고……"라고 거들었다.

홍기원 씨가 일하던 중앙도서관으로 가봤다. 증축 공사가 한창이었다. 지하 기계실로 내려갔다. 앞서 우리가 이야기를 나눈 건물의 기계실보다 더 어둡고 천장도 낮았다. 고개를 숙이며 걸어야 하는 캄캄한 구석. 그가 발견된 곳이다. 바람은 없었지만 공기가 서늘했다. 본인도 예감하지 못했을 죽음의 순간에 그는 무슨 생각을 했을까. 그가 마지막 순간 필사적으로 들이마시려 한 공기가 그곳에 남아 있는 것 같았다.

기계실 천장에는 빨간색, 파란색 색색의 굵은 파이프들이 연결돼 있었다. 이곳의 기계 설비들에서 건물 구석구석으로 열기와 냉기를 보내는 파이프들. 사람으로 치면 동맥과 정맥 같다고 할까. 건물의 동맥과 정맥이 제 기능을 다하도록 살피며 건물 곳곳으로 '피'가 돌게 하는 일을 하는 사람이 시설관리 노동자다. 그런 일을 하는 사람의 몸속 혈관 어디에선가 그 피가 막혀버렸다. 정작 자기 몸의 정맥과 동맥에서는 무슨 일이 벌어지고 있는지 그는 몰랐던 것이다. 천장의 파이프들이 괜스레 원망스러웠다.

그날도 혼자 당직실에서 야간 근무를 서고 있던 마길정(가명·남) 씨는 최근 2년 동안 홍기원 씨와 같은 팀에서 일했다. 홍기원 씨가 마지막 근무를 서던 날 낮에도 함께 일했다.

"같이 일했던 사람이, 기분 좋게 웃으면서 헤어졌는데 다음 날 아침 한순간에 죽었다고 하니까 이상한 거죠. 작년(2016년)에 파업 때문에 많이 힘들어하셨고, 올해도 회사 쪽에서 처리해줘야 되는 문제를 안 해주니까 직접 찾아가서 해결하는 일이 많았어요."(마길정)

장례식장에는 대학교 총장 이름의 화환 하나 찾아볼 수 없었다. 그나마 시설관리 노동자들과 얼굴을 보며 일하던 학교 직원들이 점심시간을 이용해 조문을 하고 갔다고 한다.

야간에 '일'을 하다가 '일터'에서 사람이 죽었다. '스트레스'라는 한 단어로 그의 죽음을 다 설명할 수 있을까. 그의 죽음에 그의 '일'은 얼마만큼의 원인을 제공했는지 따져보지 않으면 안 된다. 야간 노동이 24시간 생체주기의 리듬을 따르는 기관들에 이상을 일으켜 돌연사, 심장마비, 고혈압, 콜레스테롤의 과도한 증가, 협심증, 심근경색, 뇌졸중 등 뇌심혈관계질환을 일으킨다는 연구 결과는 흔하게 찾아볼 수 있다. 2018년 4월 현재 노동조합은 홍기원 씨의 죽음을 산업재해로 인정받기 위해 법적 싸움을 준비하고 있다.

홍기원 씨의 죽음으로 생긴 빈자리에 회사는 1957년생을 뽑았다. 2018년 2월이면 정년이 되는 사람. 아예 안 뽑을 수는 없으니, 재계약을 하지 않아도 되는 사람으로 뽑아서 채워 넣은 것이다.

"임금도 임금이지만, 정규직과 비정규직은
신분의 차이죠. 내가 '이 대학교 직원이다'라는 거랑
'용역업체 소속이다'라는 거는
하늘과 땅 정도는 아니지만 차이가 크죠."

이영훈 씨는 이것을 정부의 공공 부문 비정규직 정규직화 방침에 따른 '직고용' 부담 때문이라고 해석했다. 어쩔 수 없이 직고용을 해야 한다고 해도 한 명이라도 그 수를 줄여보겠다는 의도가 깔려 있다는 것이다.

'원래 잘못된 것'들을 바로잡기

공공 부문 비정규직 정규직화. 문재인 대통령의 공약이다. 문재인 대통령은 당선 직후인 2017년 5월 12일 인천공항공사를 찾아 "공공 부문에서 비정규직 제로 시대를 열겠다"고 선언했다. 그리고 7월에는 이에 대한 가이드라인을 발표했고, 10월에는 일자리 로드맵으로 다시 한 번 확인했다. 시설관리 노동자들의 기대감은 컸지만, 취재 당시까지 정규직 전환 계획을 논의할 노사 협의 기구조차 구성되지 않은 상태였다.

"임금도 임금이지만, 정규직과 비정규직은 신분의 차이죠. 내가 '이 대학교 직원이다'라는 거랑 '용역업체 소속이다'라는 거는 하늘과 땅 정도는 아니지만 차이가 크죠."(이영훈)

"어디 가서 용역이라고는 얘기 안 하죠. 그냥 '대학에서 시설관리 한다' 그러지. 여기서 일한 지 20년 돼가고 앞으로 한 15년 더 할 텐데, 고용 안정도 되고 직원이라고 말할 수도 있게 되면 좋겠어요."(장석정)

이영훈 씨는 "대체적으로 신분 상승에 대한 기대감이 있어요"라면서도, "정부에서 하는 것에 대한 불신도 있고요"라고 말했다. 정부의 공공 부문 비정규직 정규직화 추진이 삐거덕거리고 있는 점을 꼬집은 것이다.

이들의 불안감은 전혀 근거 없는 것이 아니었다. 학교와 노동조합은 2018년 2월까지 두 차례 협상을 진행했다. 하지만 의견 차이가 분명했다. 2018년 2월 9일 매일노동뉴스 보도에 따르면, 대학은 "용역 노동자 정규직 전환을 협의하는 과정에서 기존 무기계약직과 다른 직군을 신설하겠다"고 밝혔다 한다. 이에 대해 노동조합은 "다른 직군을 신설한다는 것은 또 다른 신분을 만들어 차별을 더욱 세분화하겠다는 것"이라고 맞섰다. "처우·임금도 기존 무기계약직과 다르게 적용하는 것을 전제로 하고 있다"는 것이다.

'제한 채용' 방안도 문제가 됐다. 현재 근무하는 용역업체 소속 시설관리 노동자들을 모두 직고용하는 것이 아니라 "서류 심사와 면접을 거쳐 최종 합격자를 가린다"는 방안이다. 노동조합은 "정부 가이드라인 취지를 보면 특별한 문제가 없는 한 기존 인원을 정규직으로 일괄 전환하는 것이 원칙"이라고 비판했다. 현재는 2018년 8월 말까지 6개월 동안 잠정적으로 계약이 연장된 상태다.

"용역으로 있을 때는 늘 불안하고 '그냥 다니기만 해도 다행이다' 생각하게 돼요. 학교에서는 우리를 늘 잡다한 일이나 하는 사람이라 생각하고 무시하니까 내가 하는 일에 보람을 느끼거나 그럴 수가 없어요. 그냥 정해진 시간만큼 일하고 월급 받아가면 그만이고, 안주하게 돼 있단 말이에요. 그러다 보면 학교 사람들은 우리를 더 나태하게 보고 '니네 딴 데 가서 뭐 하겠냐' 그렇게 무시하고, 무시당하면 더 사명감을 잃게 되고 악순환이죠. 그런데 학교 직원이면 '내가 책임을 맡고 있는 학교'라는 느낌이 다르죠."(이영훈)

장석정 씨는 인터뷰 중에 "원래 그런 줄 알았다"는 말을 몇 번이나 했다. 같은 학교에서 20년을 일했지만 그 학교 직원은 아니라는 것도 원래 그런 줄 알았고, 업무 시간에 남의 집 장롱을 옮겨주러 갔을 때도, 쉬는 날 영문도 모르고 남의 교회 행사에 가야 했을 때도 원래 그런 줄 알았다. 그들은 지금 대단한 욕심을 이루고자 하는 것이 아니다. '원래 그런 것'으로 알고 있던 '원래 잘못된 것'들을 바로잡는 중일 뿐.

오후 4시에 지하 기계실로 들어갔다가 인터뷰를 다 마치고 나오니 시계는 밤 10시를 가리키고 있었다. 차를 몰고 학교를 빠져나오는데, 사이드미러에 비친 학교 건물들이 환하게 빛을 밝히고 있다. 해가 뜨고 지는 것도 알 수 없는 지하의 노동이, 누군가에겐 너무도 당연한 지상의 일상을 밝히고 있었다.

방송작가는
노조와 함께
성장 중

– 전국언론노조 방송작가지부 이향림·최지은 씨

기록 정윤영

2018년 3월 4일. 34회 여성대회가 광화문에서 열렸다. 비가 추적추적 내리다 말다를 반복했다. 오는 듯 마는 듯 가랑비에도 시멘트 바닥은 젖었다. 비 짓가랑이와 신발도 비에 젖어 축축했지만 미세먼지로 답답했던 공기는 청량했다. 광장에선 마이크를 잡은 여성들의 발언이 한창이었다. 맑은 공기 때문인지 여성들의 속 시원한 발언 때문인지 기분이 상쾌해졌다.

미투 운동을 빼고 2018년을 이야기할 수 있을까. 한 사람이 시작한 조심스럽고 용기 있는 한마디가 우리 사회를 통째로 뒤흔들었고, '적폐 청산'의 목소리는 개개인의 삶에도 파고들었다. 사회 곳곳에, 일상 구석구석에 적폐는 숨어 있었고, 진영과 영역을 가리지 않고 퍼져 있었다. 다만 그 피해는 약한 곳을 먼저 향했다. 권력을 빼앗긴 시민이 상처 입었고 가부장에 눌려 살아온 여성이, 돈 없는 노동자가 그랬다.

이제야, 적폐를 없애보자고 사람들이 목소리를 내기 시작했다. 권력을 되찾고 그 계기로 숨은 적폐들을 터뜨리고 있다. 그리고 여기, 일터를 바꿔보자며 목소리를 내려는 사람들이 있다. 화려하고 멋있어 보이는 방송계를 일터로 삼는 작가들이다. 그들은 일터와 상사, 남성을 향해 "이건 아니지 않냐"고 반기를 들기 시작했다. 반기의 목소리는 자기 자신에게 거는 싸움이기도 했다.

이향림 씨가 언론노조의 전화를 받은 건 제주도에서였다. 2016년 3월이었다. 방송작가 노조를 준비하는 작가 모임이 있다고 했다. 그때 그녀는 일을 그만두고 제주도에서 쉬고 있었다. 처음 전화를 받았을 때만 해도 "노조는 다른 나라 얘기"였고 "나랑 상관없는 얘기"였다.

그녀는 제주도 강정마을에 있었다. 그곳에서 국가권력의 힘과 연대의 즐거움을 알았다. 공사 차량이 드나드는 골목에 수녀님, 활동가들과 의자에 함께 앉았다. 강정 해군기지를 반대하는 시위였다. 경찰들은 의자를 들어 다른 곳으로 옮겼다. 그녀는 의자에 앉은 채 이동당해야 했고, 주체할 수 없이 눈물이 나왔다. 거대한 힘 앞에서 어찌할 수 없는 자신의 나약함이 슬프기도 했고, 나약한 개인을 국가가 억압한다는 사실에 화가 났다. 국가권력 앞에 얼마나 무력할 수 있는지 깨달았다. 그때 겪은 경험은 두고두고 그녀를 가만 놔두지 않았다.

회사의 일방적인 해고 통보에 그녀는 "찍소리도 하지 못하고 그만"뒀다. 조금만 쉬고 다시 일을 하겠다던 생각은 강정에 다녀온 이후 바뀌었다. 호기심에 한 번 가볼까 싶어 시작한 방송작가 모임을 자주 나가게 됐고, 노조가 출범된 이후에는 사무장까지 맡게 되었다. 잊을 수 없는 경험을 했다고 해서 인생이 한꺼번에 바뀌지는 않지만, 만나는 사람들이 달라졌고 나누는 대화가 달라졌다. 삶이 변화하는 과정에서 방송작가 노조를 만나, "건널 수 없는 강을 건넜고 그냥 돌아오고 싶지" 않게 되었다.

"미쳤다!"

방송작가로 일하는 동기의 한 달 월급을 듣고 그녀가 처음 내뱉은 말이었다. "그걸 왜 하냐"고 핀잔을 주긴 했지만, 어쩐지 재미있어 보였다. 아직 졸업하기 전이었고, 한 번 해보고 싶었다. 그녀는 프리뷰라고 부르는 메인 작가들이 볼 수 있도록 영상을 글로 옮기는 작업을 아르바이트로 시작했다. 한 시간짜리 영상이 담긴 테이프를 작업하는 데 네 시간이 걸렸고, 알바 비 1만 5,000원을 받았다. 그녀 역시 친구에게 "사람 할 짓 못 된다"는 얘기를 들었다. 작업은 생각보다 오래 걸렸고 힘들었지만 재밌었다. 그렇게 방송작가의 길로 들어섰다.

이향림 씨는 방송작가인 동기가 있어 프리뷰 알바를 시작했지만, 보통은 방송국 아카데미를 통해 일을 시작하는 경우가 많다. 여성대회에서 만난 조합원 최지은(가명) 씨는 "맨땅에 헤딩할 수 없어서" 아카데미에 들어갔다. 3개월 과정에 입학금은 370만 원. 아카데미 수료라는 경력 한 줄을 위해 1년 동안 아르바이트를 하며 입학금을 벌었다. 그렇게 들어가서 최지은 씨가 배운 건 "막내로서 하면 안 되는 것, 출근할 때 뭘 사가면 좋은지, 뭐가 메인(작가)의 심기를 건드리는지" 하는 것 따위였고, 강사들에게 가장 많이 들은 얘기는 "방송작가 하지 마라"였다. 강사들의 말이 의아했고 370만 원이 아까웠지만, "직업 알선소니 취업 잘 받으면 그만"이라 생각했다.

이향림 씨는 유명 다큐멘터리 프로그램 취재 작가로 처음 일을 시작했고, 최지은 씨는 아카데미 졸업 뒤 방송국에 취직해 '쇼양'(교양을 예능 형식으로 진행하는 프로그램)을 맡았다. 메인 작가가 전체 기획을 하면 실제 글을 쓰는 건 서브 작가였다. 막내 작가는 프리뷰부터 자료 조사, 인터뷰 대상자 섭외까지 서브 작가가 글을 쓸 수 있도록 모든 준비 작업을 해놓는 일을 했다. 프로그램마다 조금씩 다르긴 하지만 작가를 지원하는 '막내' 역할은 어디나 비슷하다.

프리랜서라는 이름의 야간 노동자

이향림 씨가 5년 전 처음 일을 시작할 때 받은 월급은 110만 원이었다. 동기는 80만 원을 받았다고 했다. 다른 곳보다 돈을 더 준다는 말에 "감사하다"고 인사했다. 시작할 때 월급은 적지만 "조금만 견디면 금방 잘 벌 수 있고 평생 할 수 있다"는 얘기를 들었다. 메인 작가는 프로그램 한 건당 500만 원을 받는다고 했다. 몇 년 고생하면, 작가 일도 할 만하다고 생각했다.

막내 작가들은 월급으로 적게는 80만 원, 많게는 160만 원을 받는다. 막내 작가들이 꿈꾸는 메인 작가는 건당 '페이'를 받는다. 꿈의 메인 작가는 프로그램당 500만 원을 받는다는 얘기는 숱하게 들었지만, 프로그램이 방송에 나가지 않으면 페이는 지급되지 않는다는 말은 듣지 못했다. 메인 작가라 하더라도 몇 달이고 일이 없는 경우가 많다는 사실도 그때는 몰랐다. 사실상 유명 작가 몇몇을 제외하고는 사정이 막내 작가와 크게 다를 바 없었다. 작가들끼리 "메인은 굶어 죽는데 막내는 굶어 죽지는 않는다"고 말하는 이유다. "월 천 작가가 어딘가 있다"는데 직접 본 적은 없고, 있더라도 "자기 건강과 맞바꾸며" 일해야만 가능하다. 메인 작가도 할 만하다고 더는 생각하지 않는다.

최지은 씨는 처음 160만 원을 받고 일하다 방송국을 옮기면서 140만 원으로 월급이 줄었다. 담당 PD는 "너 메인 되면 돈 많이 벌잖아. 여기서 배운다고 생각하라"며 20만 원을 깎았다. 그 팀의 다른 막내는 160만 원을 받았고 신입인 FD(제작 보조원)는 180만

원을 받았다. 아니꼽고 억울했지만 별수 없었다. 일을 하지 않으면 월세를 못 낸다는 사실이 떠올랐다.

20만 원이 줄어들자 월세 내기가 빠듯했다. 지은 씨는 당장 같이 살 친구를 구했다. 그녀뿐 아니라 작가들 대부분이 "한 달 벌어 한 달 생활"하는 건 비슷하다. 저축이나 노후는 생각도 하지 못한다. 작가들은 월급 대부분을 월세 아니면 택시비로 쓴다며 그녀는 울분을 토했다.

"월세가 비싸니까 부모님한테 용돈 받으면서 일하는 동기도 있어요. 부모님이랑 사는 동기는 집이 멀거든요. 새벽 4시까지 출근이라 한 달에 택시비만 60만 원 써요. 월급은 120만 원인데. 몸이 아프면 회생할 수 없다는 생각이 들어요. 지금까지 한 달도 못 쉬고 계속 일하고 있어요. 전기세 못 낸 적도 있거든요."

방송작가들은 근무시간이라는 게 따로 없다. 막내 작가는 출퇴근 시간이 있지만, 퇴근했다고 일이 끝나는 건 아니다. 메인 작가나 PD가 요청한 일을 처리하느라 하루 종일 휴대폰에 매달려 있다. 급하게 새벽 3시에 인터뷰 섭외를 취소한 적도 있고 그 시간에 섭외자를 찾는 일도 잦다. 섭외부터 방송에 필요한 걸 하루 종일 준비하지만, 그 시간이 업무 시간에 포함되는 건 아니다.

언제 일이 떨어질지 알 수 없어 24시간 휴대폰을 손에 쥐고 있어야 한다. 지은 씨는 처음 일을 시작할 때 들었던 메인 작가의 당부를 지금도 잊지 않고 있다. "항상 핸드폰 봐, 늦게 보면 안 돼." 일을 시작한 뒤 그 말이 뒤통수에 부적처럼 달려 있어 그녀는 10분이

작가들은 스스로를 야간 노동자라고 인식하지 않았다.
프리랜서 작가라는 허울 좋은 이름은 야간 노동자라는 이름을
지웠고, 하루 24시간 대기 노동이라는 굴레를 씌웠다.

라도 휴대폰 없이 있으면 불안하다. 집에 있어도 맘 편히 낮잠 한 번 자본 적이 없고 취미생활은 꿈도 못 꾼다. 오랜만에 친구를 만나 놀다가도 연락이 오면 카페로 뛰어들어가서 일을 해야 했고, 어쩌다 극장에 갔다가도 쏟아지는 카톡 메시지에 결국 중간에 나오는 일도 있었다. 어디를 가든 휴대폰과 노트북을 안고 다니며 버스 안에서 혹은 길거리에 쪼그리고 앉아 원고를 쓰기도 한다. 어디에서든 일에서 벗어날 수 없어 끔찍해하면서도 작가들은 스스로를 야간 노동자라고 인식하지 않았다. 프리랜서 작가라는 허울 좋은 이름은 야간 노동자라는 이름을 지웠고, 하루 24시간 대기 노동이라는 굴레를 씌웠다.

하루 정도 밤을 새우는 건 아무것도 아니라는 최지은 씨에게 전화 못 받으면 어떻게 되냐고 물어보았다. 한 번도 생각해보지 못했다는 듯한 표정으로 "안 된다"고 멋쩍게 웃으며 답했다. 열심히 해야겠다는 생각에 일주일 내내 오전 10시에 출근해 밤 10시에 퇴근하고 방송에 맞춰 2주에 하루 쉬고 일했다. 녹화 전날은 무조건 밤을 새웠다. 매일 야근에 잠 잘 시간도 없이 여기저기 쫓아다니며 심부름하느라 바빠 "자기 돈으로 알바를 고용해" 프리뷰를 맡길 때도 있다.

"더 좋은 방송을 만들기 위해서"라면 당연한 일이라고 생각했다. 아무리 '방송 특성상'이라고는 하지만 자신들이 하는 장시간 노동과 야근이 정말 방송을 위한 것인지 의문이 들 때가 많다. 몇몇 야근이 불가피한 프로그램도 있지만 모든 프로그램이 야근을 해야 하는 건 아니다. 그럼에도 거의 모든 방송작가들이 매일 같이 야근을 하는 건, 방송 프로그램을 위해서가 아니라 PD의 편의를 위해서라는 생각이 커졌다.

내일 오전까지 꼭 완성해놓으라는 주문에 밤을 꼬박 새워 자료를 만들어놓으면 며칠 뒤에나 자료를 쓰는 경우가 허다하고, FD 자리가 비면 그 역할도 작가가 하게 된다. PD들은 퇴근 시간에 맞춰 작가들에게 "일을 던지고" 간다. 작가의 일정이나 출퇴근 시간 따위는 전혀 고려하지 않는 PD들을 보면 "자기가 시키면 다 해야 한다"고 생각하는 것 같다.

'내 커피'로 불리는 막내 작가

방송작가군은 이직률이 꽤나 높은 편이다. 6개월도 채 되지 않아 그만두는 사람이 한둘이 아니다. 퇴근 없는 노동시간과 생활하기 빠듯한 박봉 때문이기도 하지만 작가들이 혀를 내두르며 방송계를 떠나는 가장 큰 이유는 '자존감' 때문이다.

작가는 도제식이라 '막내'인 작가는 메인 작가와 서브 작가의 업무를 지원하는 것부터 시작한다. 경우에 따라 열 명 가까운 작가와 일할 때도 있는데, 이를 '모신다'고 표현한다. 작가를 모시는 업무 지원은 사실 커피 심부름, 간식 심부름에 지나지 않고, 그럴 때마다 시중든다는 느낌을 떨칠 수가 없다. 방송국에 오는 손님들은 '작가님'이라고 부르지만 커피 타주고 주차권을 챙겨주는 자신을 보면 "작가가 아니라 하수인 노릇"만 하는 것 같다. 외근을 나갔다가 '커피 사오라'는 전화를 받고 서둘러 커피를 사들고 들어갈 때는 말할 수 없는 자괴감이 든다.

그렇다고 막내 작가들이 '작가' 일을 하지 않느냐 하면 그것도 아니다. 자료 조사와 프리뷰 작성부터 홍보물과 자막을 쓰고 실제 원고를 쓰기도 한다. 분명 작가로서 제작에 참여하는데도 '작가'가 아니라 '막내'로 불린다. 이향림 씨는 막내 작가가 하는 일이 방송 제작에 없어서는 안 될 필요한 역할인데도 '막내'라고 하면 "허드렛일을 하는 느낌"인 데다 메인 작가가 되기 위한 과정으로만 생각하기 쉽다고 지적했다. 위계를 보여주는 막내라는 말 때문에 누군가를 모시고 시중드는 걸 모두가 당연하게 여기게 된다며 '신입'으로 바꾸면 좋겠다고 했다. 그게 최선은 아니겠지만 "어쨌든 막내는 아니"라고 그녀는 딱 잘라 못 박았다. 최지은 씨 역시 방송국에서 막내 작가들을 부르는 호칭만 봐도 메인 작가와 PD가 원하는 건 작가가 아니라며 한껏 격앙된 목소리로 말을 이었다.

"야! 막내! 이렇게 불러요. 그냥 이름 부르거나. 작가라고 부르지 않아요. 저는 프로그램 진행자의 커피 담당이거든요. 저를 부를 때 '야~ 내 커피!' 이래요. 〈그것이 알고 싶다〉 작가가 고발한 것처럼 똑똑한 작가를 원하는 게 아니에요. 말 잘 듣고 사근사근하고 나한테 잘 맞춰주는 막내를 원해요. 비서를 원하는 거죠."

'위에 있는' 작가들의 출근이 막내 작가의 출근 시간이고, 그들이 퇴근하기 전에는 절대 퇴근할 수 없다. 막내부터 서브 작가, 메인 작가까지 위계는 철저하다. 그리고 그 꼭대기에는 PD가 있다.

PD가 프로그램 기획안을 만들고 확정이 되면 방송사에서 제작비가 나온다. 제작비는 최소 5,000만 원. PD는 아이템에 적절한 메인 작가를 고용하고 "붙박이로 일할 막내 작가"를 뽑는다. 작가들 월급은 제작비로 충당이 되고, 월급을 얼마 줄지는 오로지 PD의 권한이다, 그리고 여기에서 '갑을관계'가 발생한다. '아주 유명한 작가' 몇몇을 제외하고는 막내든 메인이든 PD의 눈치를 볼 수밖에 없다. PD의 말 한마디에 작가들 고용과 해고가 왔다 갔다 하기 때문이다. PD의 절대 권력은 거기서 끝나지 않고 작가들의 이후 고용과 경력에도 결정적인 영향을 끼친다. PD와 사이가 좋지 않은데 메인 작가가 되는 경우는 없다. 작가의 입봉은 실력과 상관없이 PD와의 친분에 달려 있는 셈이다.

메인 작가의 "비서"인 막내 작가는 이제 "PD의 수족"이 된다. 대학에 출강하는 PD 대신 강의 자료를 만든다. 도서관에 가서 책을 빌리고 반납하는 것도 막내의 일이다. PD의 보험 서류까지 우편으로 보낼 때는 이게 뭐하는 짓인가 싶어 "덜덜 떨면서" 자기 일이 아니라고 얘기했다가 "너 나가!"라는 소리만 들었다. 마음에 안 든다고 잘리는 일은 아주 흔하다. 표정이 마음에 안 든다는 이유로 해고된 작가 얘기에, 막내들은 말할 때 표정과 말투까지 신경을 썼다.

PD들에게 "너 아니어도 일할 사람 많다"는 말을 매일같이 듣는다. "언제 그만두냐?"고 묻는 게 막내 작가들끼리 하는 인사말이 되었다. 일을 먼저 그만둔 동기가 일을 관두지 못하는 동기들을 안타깝게 생각한다. 그러나 입버릇 같은 PD의 '나가'라는 으름장에 고개를 숙이고 다시 막내 노릇을 해야만 하는 작가들도 적지 않다. 작가들은 "그저 좋은 PD 만나기를 바라는 수밖에 없다"며 파편화된 노동 환경과 폐쇄적인 고용 구조가 얼마나 불합리한지 거듭 얘기했다.

더 참을 수 없는 건 "억대 연봉 받으며 막내의 월급 20만 원을 깎는" PD들이 언론에서는 진보적인 목소리를 내고, 소수자의 삶을 그린 프로그램을 만드는 사람들이라는 사실이다. 최지은 씨를 "내 커피"라고 부르는 프로그램 진행자는 한국에서 손꼽히는 유명한 진보 지식인이며, 함께 일하는 PD는 비정규직 노동 실태를 담은 프로그램을 만들기도 했다. "남자 지식인, PD들 대부분 노동 감수성이나 젠더 감수성이 없다"며 그녀는 쓴웃음을 지으면 말했다. 이러게 되넘 방송에 환멸을 느낄 수밖에 없다.

"비정규직 특집 취재하면서 비정규직 페이 보고 마음 아파해요. 바로 옆에 140만 원 받는 사람이 있는데…… 그러면서 출퇴근하기 힘드니까 돈 모아서 차 사래요. 얼마 받는지 뻔히 알면서 그렇게 얘기해요. 회식할 때도 엄청 비싼 데서 하거든요. 회식으로 100만 원씩 쓰면서 막내한테는 20만 원이 아까워서 그걸 깎아요. 저한테 대놓고 요새 작가들 멍청하다고 얘기해요. 돈 많이 주고 정규직 되면 인재들 많이 올 거라고 했더니 작가들 나이 들면 창의력 떨어져서 정규직 하면 안 된대요. 그러면서 똑똑한 사람은 안 뽑을 거래요. 도망간다고."

"야! 막내! 이렇게 불러요.
그냥 이름 부르거나. 작가라고 부르지 않아요.
저는 프로그램 진행자의 커피 담당이거든요.
저를 부를 때 '야~ 내 커피!' 이래요."

막내 작가들이 20대 초반의 사회 초년생이 아니었어도, 여성이 아니었어도 아무렇지도 않게 월급을 깎고 시도 때도 없이 외모를 평가하며 매일같이 커피 심부름을 시켰을까? 방송작가 90퍼센트 이상을 차지하는 여성 막내 작가들은 그렇지 않을 거라고 생각한다. 비슷한 나이에 막내로 들어온 남성 PD들은 막내 작가들처럼 담당 PD의 출강 자료를 만들거나 커피를 사오는 따위의 심부름은 하지 않는다. 월급도 더 많이 받는다. "나이가 어린 여성이 나이 든 남자를 보필하는 느낌"으로 일하는 데에는 "젠더의 문제"가 깔려 있다고 작가들은 느낀다. 실제로 나이가 어린 여성들만 막내로 뽑는다. 아카데미에서는 면접에 합격하는 팁이라며 "나이는 만으로 쓰고, 사진은 말 잘 듣게 생기고 밝게 나온 걸로 쓰라"고 가르친다.

도제식이라는 말로 포장하지만, "사회 초년생인 어린 사람들을 피 빨아 먹는" 방송국 분위기에 최지은 씨는 한동안 정신과 치료를 받아야 했다. 아무리 쪼개 써도 시간은 늘 모자라고 휴식은 커녕 잠 잘 시간도 없었다. 육체적 피로도 극에 달했지만 정신적인 스트레스와 우울이 그녀를 갉아먹었다. 마치 "걸레를 끝까지 쥐어 짜듯" 자신의 시간과 삶과 존재를 쥐어짰다. "다 짜 쓰고 나면 버리고 또 어린 애 데리고" 오는 고용 구조를 잘 알기에, 그녀는 버려질까 더 전전긍긍했다. 어느 순간 사람들이 하는 말이 잘 들리지 않았고, 방금 들은 말도 금세 잊었다. 병원에서 치료를 받고 증상이 나아지긴 했지만, 우려했던 대로 그녀는 잘렸다.

웬만하면 방송작가 하지 말라던 아카데미 강사들 말이 그제야 무슨 뜻인지 알 것 같았다. 방송작가를 하고 싶다는 후배가 있으면 자신도 같은 말을 할 것 같다. 처음 경험한 노동은 대학 시절에 했던 아르바이트와 다를 게 없었다. 아르바이트할 때 봤던 "사장님들 태도는 PD님들"과 비슷했고, 프로그램 하나가 끝나면 알아서 일자리를 알아봐야 하는 것도 똑같았다. 구직에 실패하면 몇 달이고 고스란히 혼자 책임져야 한다는 것도 마찬가지였다. 일을 하고 돈을 벌수록 무력감만 커졌다.

해고된 뒤 며칠 지나지 않아 바로 다른 방송국으로 들어가긴 했다. 어느 방송이든 막내는 필요했고 지은 씨는 월세가 필요했다. 그리고 그녀는 여전히 '막내'였다. 한 번의 해고와 두 번의 면접을 거치면서 그녀는 방송국이 이런 구조로도 굴러갈 수 있는 이유를 몸소 깨달았다. 방송작가는 "진입 장벽이 낮고 누구나 한 번쯤 해보고 싶어 하는 일"이라, 방송에 동경을 품고 달려드는 20대 초반의 여성은 "쌔고 쌨다". 그런데다 사회 경험치가 적어 "원래 이런가 보다" 싶은 생각에 금세 환경에 적응해버리는 사람이 많다. 최지은 씨는 방송국을 옮기면서 그동안 느꼈던 환멸과 자괴감을 합리화하게 됐다며 한숨을 길게 내쉬었다.

"내가 진행자한테 맛있는 커피 먹여서 좋은 방송 나오는 거라는 식으로 합리화해요. '막내인데 누가 하겠어, 내가 해야지.' 이렇게 생각하게 되더라고요. 이게 사회생활인가 싶고, 어딜 가나 갑질이 있고 더러운 일은 있잖아요. 여기 더럽다고 떠난들 다른 데

출범식에 모인 조합원의 목소리는 하나였다.
막내가 아니라 노동자로 인정하고 현실적인 임금을 지급하라는 것.
그리고 그게 가능하도록 '표준계약서'를 작성하자는 것.

는 깨끗할까? 더럽더라도 내가 재밌는 일 하자는 식으로 합리화하게 돼요."

이향림 씨는 그런 자기 합리화의 과정을 '살아남은 자의 슬픔'이라고 표현했다. 똑같은 과정을 지나온 선배들이 막내를 쥐어짜는 걸 보고, "나 때는 더 심했다"는 말을 들으면 방송국에서 일을 하려면 어쩔 수 없다고 생각하게 됐다. 칭찬을 받으려고 쥐어짜면서도 더 쥐어짜낼 게 없는 자신이 늘 부족하게 느껴졌다. 저녁도 주말도 없이 일하는 그녀더러 친구들은 "현대판 노예"라고 했지만, 애써 장점들을 나열하며 현실을 외면했더랬다. "우리는 정치인도 만나고 유명 연예인도 만나고, 그런 사람들이 작가님이라고 불러주는데" 노예 같다는 친구의 말이 불쾌했다.

여러 방송사를 오가며 작가로 일한 지 4년, 향림 씨는 그동안 '딱 노예'로 살았다는 걸 인정하지 않을 수 없게 됐다. 제로섬 게임 같던 방송작가의 삶이 뭔가 잘못됐다고는 느꼈지만 능력이 부족한 자기 탓인 줄만 알았다. 짧은 시간에 돈은 적게 주고 빨리 끝내려다 보니 "밑에 사람 쥐어짤 수밖에 없는 구조"가 이제 눈에 들어왔다. 그러고 보니 어디서 일을 하든 계약서라는 걸 써본 적이 없다는 생각이 퍼뜩 들었다. 막내를 쥐어짜는 것 말고는 어떤 규칙도 기준도 전혀 없었다. PD 마음이 기준이고 PD 말이 법이었다.

오지랖이 우리를 구원하리라

노조를 만드는 일은 정말이지 쉽지 않았다. 처음 작가들이 모이고 방송작가지부를 설립하기까지 2년이 걸렸다. 작가들은 잘 모이지 않았고, 들쭉날쭉하는 모임에 하나둘씩 나가는 사람마저 생겼다. "이러다 와해되겠다" 싶어 이향림 씨는 적극적으로 모임에 참석하고 집행부로 일하겠다고 나섰다. 위기의식에 향림 씨와 스무 명 남짓한 작가들이 설립에 발 벗고 나선 덕분에 2017년 11월 방송작가지부가 출범했다. 출범식에 모인 조합원 100여 명의 목소리는 하나였다. 막내가 아니라 방송 제작 노동자로 인정하고 현실적인 임금을 지급하라는 것. 그리고 그게 가능하도록 '표준계약서'를 작성하자는 것.

힘겹게 노조를 만들고 작가들 목소리를 대변하며 활동을 시작했지만, 어려움은 여전했다. 작가들은 전국 방송국에 뿔뿔이 흩어져 있는 데다 스스로도 노동자라는 의식이 없었다. "노조 하면 불이익 생기는 것 아니냐, 정규직 되면 뭐가 좋냐"고 되묻는 작가들도 있고 "매일 야근에 허덕이는데 무슨 노조냐"고 손사래 치는 작가들도 있었다.

희망하는 법마저 잊고 사는 동료 작가들 말에 이향림 씨는 답답하고 기운이 빠지지만, 그녀 역시 노조를 만들고 나서야 특수고용 노동자라는 말을, 그리고 자신이 특수고용 노동자라는 사실을 알게 됐다는 걸 잊지 않으려 한다. 방송국 안에 부조리를 바꿔보자고 노조를 만들었지만 위계질서와 상명하복식 권력 구조는 뿌리가 깊었다. 그 부조리가 개인의 삶을 오랫동안 지배해왔다는 걸 생각하면, 노조 가입을 꺼리는 작가들을 아주 이해할 수 없는 건 아니었다. 노조를 만들고 집행부로 활동하면서 그녀는 작가들 스스로도 부당한 권력 구조에 일조해왔고, 그걸 깨뜨리겠다는 노조 안에도 적폐가 있다는 걸 자주 느낀다. 그럴 때마다 향림 씨는 "싸움닭이 될 수밖에 없다"면서 간부로서 느끼는 어려움을 털어놓았다.

"노조 안에도 위계가 있죠. 직함 자체가 그런 수직 구조를 드러내는데 직함이라는 게 책임을 지는 자리고 존중받아야 하는 건 맞지만, 권위적으로 대할 필요가 있나 싶어요. 직함이 높다는 이유로 굽신거리는 그 마음을 깼으면 좋겠어요. 저 스스로도 채찍질을 하게 되고요. 오지랖 아니냐고 하는데 조직을 건강하게 하는 건 오지라퍼들이라고 생각해요."

작가들이 노조에 가입하는 게 쉽지 않고, 노조 안에서도 이러저러한 목소리들이 뒤엉켜 갈등하지만, 그럼에도 변화는 있다. 노조 출범식 이후, 문체부에서 '방송작가 집필 표준계약서'를 발표하고, 계약서를 쓰라고 권고한다. 서울에서 시작한 '방송작가 유니온'이 지역에도 하나둘 생기며 함께 목소리를 내겠다는 작가들이 늘어났다. 노조 출범 3개월 만에 영남지회가 생겼고. 대전지회, 교통방송지회도 생겼다. 그리고 무엇보다 희망이 생겼다.

그동안은 "더러우면 떠나면 된다"고만 생각했다. 이제는 "어차피 떠날 거 조금이라도 바꿔보자"고 얘기한다. 사람들이 조금씩 모이고, 언론을 통해 알려진 방송작가의 현실에 공감하고 응원하는 사람도 많아졌다. "노조 하면 판을 바꿀 수 있겠다, 숨통이 트이겠다" 싶었고, 노조 하는 게 꿈이 되었다. 삐거덕거리면서도 방송 작가 유니온은 갈 길 먼 길을 계속 걸어가고 있다. 그 보폭에 맞춰 향림 씨도 지은 씨도 더디지만 같이 걸으며 성장하는 걸 느낀다.

아주 사소한 걸로도 작가들은 기뻐하며 일한다. 자신이 참여한 프로그램이 방송에 나오고, 화면에 자기 이름 석 자가 올라오는 것만 봐도 그렇게 뿌듯할 수가 없다. 자막을 하나도 틀리지 않았다든지, 힘들게 섭외한 인터뷰이가 방송에 나오는 걸 볼 때는 그동안의 고생이 보람으로 바뀌는 순간이다. 싸움닭이 되어 '욕은 욕 대로' 들으면서도 향림 씨가 작가들에게 노조가 필요한 이유를 입이 마르게 설명하고 가입 원서를 돌리는 이유는 분명하다. 글 쓰는 게 좋고 다시 일하고 싶기 때문이다. 자기를 포장하지 않고 비하하지도 않으면서, 자신의 일과 일터를 사랑하고 싶기 때문이다.

시골이 고향이라던 최지은 씨는 동네 어른들이 텔레비전으로 세상 소식을 접하고, 텔레비전에서 삶의 즐거움을 느끼는 걸 보면서 컸다고 했다. 텔레비전 앞에 앉아 있는 시골 부모님과 어른들에게 사회 구석구석을 보여주고, 별 볼일 없는 평범한 이웃의 이야기를 들려드리고 싶어 방송작가를 꿈꿨다고도 했다. 텔레비전이 친구인 사람들에게 말을 건네고 손을 내미는 글을 쓰고 싶다던 지은 씨가 그 꿈을 잃어버리지 않기를 바라본다. 언제 그만두냐는 질문이 인사말처럼 쓰이는 대신, 같이 노조 하자는 말이 더 많아지기를 기대해본다. 자기 노동에서 보람을 찾고 그 삶을 사랑할 수 있는 일터, 그런 세상은 "한 번 만들어볼 만한" 세상이므로.

내 인생에 걸맞은
'이름'을 가질 권리

– 병원지원직 노동자 조영재 씨

기록 최규화

"저 같은 사람 이야기가 책이 될까요? 더 어렵게 일하시는 분들이 많은데 제가 어떻게……"

조영재(가명·남) 씨를 인터뷰하기 위해 연락했을 때 그는 몇 번이나 이렇게 물었다. 그때마다 나는 "일단 편하게 한 번 만나보시죠. 그냥 동네 친구 만나서 커피 한잔하고 사는 얘기나 한다고 생각하시면 됩니다. 책이 안 될 것 같아도 좋은 분 알게 된 것으로도 좋죠 뭐"라는 대답으로 그를 설득했다.

솔직한 마음이었다. 어느 정도의 불안감(?)은 내게도 있었다. 그도 그럴 것이, 조영재 씨를 소개해준 분도 그가 무슨 일을 하는 사람인지 확실히 몰랐다. 정확히 말하자면 조영재 씨가 하는 일을 무엇이라 '불러야' 하는지 몰랐다고 해야 하나. 내가 조영재 씨에 대해 아는 사실은 그가 대학병원에서 일한다는 것, 그리고 3교대로 야간 근무를 한다는 것, 그런데 '의사도 간호사도 아닌 사람'이라는 것뿐이었다.

2018년 1월 26일 서울 기온이 영하 20도까지 떨어진 날, 조영재 씨가 일하는 병원으로 갔다. 지역을 대표하는 사립대학병원. 1972년생인 그는 스물네 살이던 1995년 병원에 입사했다. 서울에서 태어나 고등학교를 졸업하고 간호조무사 학원을 다닌 뒤 의무병으로 군 복무를 마쳤다. 제대하고 나서 직장을 알아보다가, 이 병원에서 일하던 친척의 소개로 면접을 보고 일을 시작하게 됐다.

조영재 씨는 의사도 간호사도 아니다. 하지만 그는 응급실에서, 중환자실에서, 병동에서 일한다. 방사선사도 임상병리사도 아니다. 행정 일을 하는 것도 아니고 병원의 시설을 관리하는 것도 아니다. 조영재 씨의 이름은 '오더리'. 병원지원직 또는 간호보조원으로도 불린다. 실제로 병원 안에서는 그냥 '사원'이다.

"이름이 없었죠. 병원에서는 그냥 '영재 씨'라고 부르고 환자들도 그냥 '아저씨'라고 부르는 존재. 구분하자면 간호부에 소속된 그냥 직원이죠. 지금은 병원지원직이라고 해서, 부를 때는 직급으로 '사원'이라 부르긴 하거든요. 저희 직종은 10년을 하건 20년을 하건 계속 사원이에요. 행정직은 사원, 대리, 과장, 팀장 이렇게 올라가잖아요. 그런데 우리는 승진이 없어서 평생 사원인 거죠. 그래서 그냥 사원이라고 불러요."

조영재 씨는 "병원 조직도에서 최하위에 있는 직종"이라고 설명했다. 그가 기억하기로 병원지원직이라는 이름이 생긴 것도 5년 남짓밖에 되지 않은 일이라고 한다. '사원'들은 종합병원 어디든 다 있다. 대부분은 간호조무사 자격증을 가지고 일을 시작한다. 간호조무사 자격증이 필수적인 것은 아니지만, 조영재 씨가 일하는 병원에서는 자격증을 갖고 있는 사람에게 '자격증 수당'을 준다.

조영재 씨는 입사하자마자 응급실로 가서 일했다. 24년 일하는 동안 응급실과 중환자실에서 일한 시간이 가장 길다. 이 일을 시작한 지 얼마 안 됐을 때는 '이름 없는 존재'라는 사실이 주는 자괴감이 컸다.

"의사나 간호사의 일을 하진 않지만, 환자들하고 제일 가까이 있는 게 또 우리예요. 환자들의 대소변을 치워주고, 침대를 끌고 가거나 휠체어를 밀고, 거동 못하는 환자들을 이동시키고, 병동에서 쓰는 기구나 용기들을 세척하는 일도 우리 몫이죠. 수술 들어가기 전에 환자들 제모나 관장도 하고요. 어찌 보면 환자나 보호자와 만나는 시간이 제일 많은데도 존재감은 없는 거죠."

"우리한테는 쌍욕, 의사 앞에서는 고분고분"

그도 입사하기 전까지는 무슨 일을 하는지 잘 몰랐다고 한다. 처음 응급실에서 일할 때는 놀랍고 당황스러운 시간의 연속이었다. 피를 철철 흘리며 들어오는 환자, 이미 사망해 들어오는 환자…… 사망한 환자를 처음 봤을 때는 혼자 화장실로 가서 토하기도 했단다. 그래도 시간이 지나면서 조금씩 익숙해졌다.

"한 20년 전인데 아직도 기억나는 환자가 있어요. 20대 젊은 남자인데 전철에 치여서 응급실로 실려 왔어요. 정신도 멀쩡하고 몸도 겉으로 봐선 멀쩡했어요. 그런데 복부 쪽으로 부딪혀서 장기들이 안에서 파열된 거죠. 계속 안에서 피가 나는 상황이라서, 의사들이 '수술실 들어가서 매스로 그으면 바로 펑펑 피가 나와서 죽을 것이다'라고 판단한 거죠. 그래서 수술도 못하고, 손도 못 대고, 정신 멀쩡하게 들어온 20대 젊은 남자가…… 저는 옆에서 피나 닦아주는 것밖에 할 수 없었는데 굉장히 마음이 아팠어요."

농촌 지역 가까이에 있는 병원의 특성상 농약을 마신 환자들도 많았단다. 할머니, 할아버지들이 스스로 목숨을 끊으려 농약을 마시고 실려 오는 것을 보면서 마음이 편할 수가 없었다. 특히 어린아이들이 목숨을 잃는 사고가 일어나면 더 마음이 아프다. 그는 늘 죽음을 '지켜보며' 일하는 셈이다.

"죽음에 대한 공포가 심해요. 저는 항상 죽음 옆에 있다고 생각하거든요. 항상 죽는 사람들을 보니까. 자다가도 '내가 죽으면 어떻게 될까' 하는 생각을 많이 해요. 굉장히 무서울 때가 있어요. 일을 하면 할수록 공포가 더해지는 것 같아요. 처음에는 젊기도 했고 그냥 멋모르고 일했으니까요. 이제 어느 정도 나이도 먹었고 그러다 보니까 언제 죽을지 불안하고…… 모르면 그냥 모르는 건데, 봐서 아니까 더 걱정이 되는 거예요. 교통사고 나서 오시는 환자들도 굉장히 많이 보잖아요. 간경화 걸리면 사람이 어떻게 된다는 걸 알고, 폐암 걸리면 어떻게 죽는다는 걸 알잖아요. 그 고통들을 아니까 항상 두려움이 있어요."

삶과 죽음이 교차하는 응급실. 그만큼 절박하고 처절한 사연들도 참 많다. 하지만 늘 슬프고 안타까운 일만 있는 것은 아니다. 재미있다고 하기엔 좀 뭣하지만 웃지 못할 이야깃거리들도 생기기 마련이다.

"하루는 조직폭력배들이 싸워서 응급실에 우르르 들어왔어요. 두 조직이 응급실을 양쪽으로 나눠서 이쪽저쪽에 쭉 누워 있고, 그 사이에는 경찰들이 나란히 서서 중립 지역을 만들어서 서 있었어요. 깡패들이 경찰을 사이에 두고 서로 노려보면서, 혈액 검사를 하는 유리병이 있어요. 그걸 이빨로 으드득으드득 씹는 사람도 있었고요. 그걸 왜 씹는지는 모르겠어요. 뭔가를 보여주고 싶었나 봐요. '나 세다!'"

조영재 씨와 같은 병원지원직, '사원'들은 보이지 않는 곳에서 일하는 것이 아니다. 환자들의 대소변을 처리하거나 이동을 돕는 등의 일을 하기 때문에 환자들과 대면하는 시간이 많다. 그러다 보니 원하지 않는 감정노동을 해야 하는 경우도 많다. 특히 응급실에서는 이른바 '진상' 환자들을 상대하는 경우도 부지기수다.

"응급실은 말 그대로 응급 환자들을 우선으로 보기 때문에, 응급 환자가 아닌 환자들은 '내가 먼저 왔는데 왜 나를 먼저 안 봐주냐'면서 항의를 하는 거죠. '왜 침대에 안 눕혀주냐' '검사 결과가 왜 이렇게 늦게 나오냐' 진짜 응급 환자들은 말도 못하고 누워 있기 때문에 항의를 할 수가 없어요. 또 '유세'하시는 분들 있잖아요. '내 돈 내고 진료받으러 왔는데 왜 서비스가 이따위냐!' 의료진들을 하인 부리듯 하시는 분들 많죠."

문제는 그런 항의들도 '사람을 봐가면서' 한다는 거다. 조영재 씨와 같은 '사원'들에게는 막말을 퍼붓다가도 의사 '선생님'이 오면 태도가 달라지는 사람들을 볼 때 그는 참 입맛이 씁쓸하다.

"저희한테는 쌍욕을 하지만 의사 선생님이 나오면 고분고분해지는 거죠. 환자나 보호자분들도 보는 눈이 있어요. 응급실에 잠깐만 있어보면 돌아가는 거 다 알잖아요. '아, 저기 의사가 있고 여기는 그 밑에 있는 잡다한 사람들이구나.' 그래서 저희처럼 만만한 사람들한테만 항의를 하는 거죠."

심지어는 주먹을 휘두르는 환자들도 있다. 조영재 씨도 맞아본 적이 있다. 야간 근무를 할 때였다. 술에 취한 환자들이 욕설을 하거나 침을 뱉는 건 다반사다. 그의 뺨을 때린 환자도 '주취 환자'였다. 조영재 씨는 "환자분이 누워 있다가 갑자기 뺨을 때려서 맞았는데, 왜 때리냐고 물을 수도 없었어요. 너무 취해 있어가지고……"라고 그때를 기억했다. 여성 간호사들도 술 취한 환자들의 행패를 많이 겪는다고 덧붙였다.

전국보건의료산업노동조합이 전국 110개 병원에 근무하는 2만 950명의 노동자들을 대상으로 실시한 '2016년 보건의료 노동자 실태조사'에 따르면, 응답자의 47.6퍼센트가 직장 내에서 폭언·폭행·성폭력 등을 경험한 것으로 조사됐다. 가해자는 환자가 압도적으로 많았고(폭언 70.1퍼센트, 폭행 83.7퍼센트, 성폭력 70.0퍼센트), 보호자에 의한 경우도 많았다(폭언 65.6퍼센트, 폭행 21.6퍼센트, 성폭력 12.9퍼센트). 하지만 폭언·폭행·성폭력 등을 경험한 노동자 대부분은 그냥 참고 넘기는 경우(폭언 89.7퍼센트, 폭행 58.6퍼센트, 성폭력 60.5퍼센트)가 많았다.

"야간 교대 근무는 2급 발암물질"

조영재 씨도 대부분의 병원 노동자와 마찬가지로, 2~3일 간격으로 오전-오후-야간 돌아가는 3교대 근무를 한다. 수면 습관이 불규칙할 수밖에 없다. 24년째 병원에서 일하고 있지만, 아직도 어떤 날은 밤이 돼도 멀뚱멀뚱 잠이 안 오고, 어떤 날은 낮에도 꾸벅꾸벅 졸기 일쑤다. 불면증을 호소하는 이들도 많다.

"제일 스트레스를 받는 게 뭐냐면, 제가 예전에는 병원 근처에 있는 집에서 살았어요. 야간 근무를 나가려면 낮에 자야 되잖아요. 그런데 계속 앰뷸런스가 병원으로 가는 거예요. 앰뷸런스 소리를 들으면 '아, 또 환자 갔구나. 오늘은 환자가 몇 명이나 될까?' 싶은 거죠. 잠자다가도 앰뷸런스 소리만 들으면 깨서 스트레스 받고 그랬어요. 그때 생각하면 진짜…… 이상하게 앰뷸런스 소리는 자면서도 들렸어요."

병원의 야간 근무는 당직 근무처럼 주로 대기 시간으로 채워지는 근무가 아니다. 몇 시에는 환자들의 소변을 비워야 하고, 몇 시에는 가래를 비워야 하고, 몇 시에는 약을 타오고, 몇 시에는 세척을 해야 하고, 매뉴얼에 따라 업무 스케줄이 다 정해져 있다. 그대로 움직여야 하기 때문에 밤에도 쉴 수가 없다.

"당직 근무하는 것처럼 잠깐이라도 눈을 붙일 수 있는 것도 아니고, 그럴 공간도 없고 진짜 힘들죠. 아침 되면 눈 새빨개져 있고, 집에 가면 바로 뻗는 거죠. 그런 근무를 이삼 일씩 연속으로 해요. 그러면 하루 쉬고 근무시간이 또 바뀌는데, 생활 패턴은 잘 바뀌질 않는 거죠. 야간 근무를 하고 나오면 쉬는 날인데, 밤에 일을 했으니까 낮에 자야 되잖아요. 그날은 그냥 자고 나면 하루가 끝나는 거죠."

옛날에는 야간 근무 끝나고 낮에 자면, 그다음 날 아침 근무를 들어가기도 했단다. 다행히 지금은 노동조합이 병원 측과 단체 협약을 맺어, 야간 근무 다음 날 바로 아침 근무를 하진 않도록 개

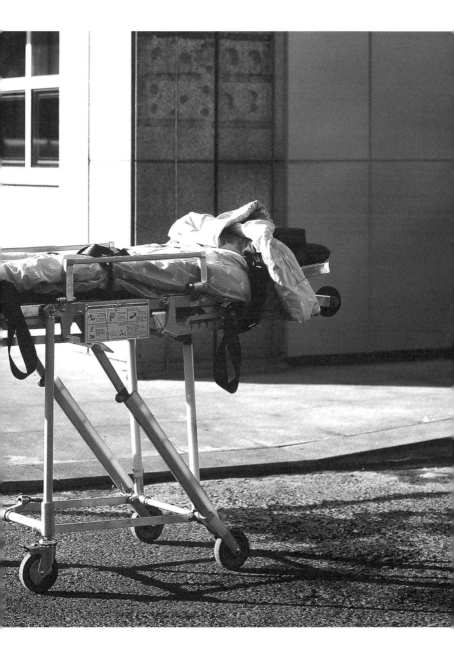

선했다고 한다.

2016년 보건의료 노동자 실태조사 결과, 병원 노동자들이 잠드는 데 소요되는 시간은 평균 53.2분으로 나타났다. 일반적으로 정상적인 사람이 잠드는 데 소요되는 시간은 5~20분. 병원 노동자들에게서 수면장애 현상이 보편적으로 관찰됐다. 실태조사 보고서는 "이처럼 잠드는 데 소요되는 평균 시간이 더 긴 것은 3교대제에 따른 수면시간의 불규칙성 때문인 것으로 보인다"고 분석했다.

'지난 1주간 잠깨는 횟수'를 묻는 질문에는 '1~2회'라고 응답한 이들이 62.1퍼센트로 가장 많았다. '3~4회'라고 응답한 이들도 22.5퍼센트나 됐다. '지난 1주간 잠에서 깬 후 다시 잠들지 못하는 횟수'를 묻는 질문에도 '1~2회'라고 응답한 비율이 32.5퍼센트로 가장 높았고, '3~4회'가 24.8퍼센트, '5회 이상'도 12.3퍼센트에 이르렀다.

응답자들이 본인의 수면 상태에 대해 종합적으로 매긴 점수는 100점 만점에 평균 38.3점. 병원 노동자의 업무상 재해나 질병 중에도 수면장애가 27.8퍼센트(5831명)로 가장 많았다. 실태조사 보고서는 병원 노동자의 수면장애 문제를 "심각한 수준"이라고 평가하며, "야간 교대 근무는 2급 발암물질로 규정될 정도로, 일정 기간 일을 하는 야간 교대 근무자는 특수 건강검진 대상에 포함되어 있는 상태"라고 덧붙였다.

야간 3교대 근무의 특성상 최소 한 달 전에 개인별 근무표가 나온다. 그전에 휴가 신청을 하지 않으면 휴가를 쓰는 것도 거의 불가능하다. 한 사람이 근무에서 빠지면 다른 사람이 근무표를 고쳐서 그 자리를 메꿔야 하기 때문이다. 조영재 씨는 "부모님이 돌아가셨다든지 자기가 정말 아파서 병원에 누워 있는다든지 하는 경우가 아니면 딸 졸업식 같은 사소한 일로 빠질 수는 없어요"라고 설명했다.

그러다 보니 가장 문제가 되는 것이 육아다. 특히 조영재 씨처럼 부부가 모두 병원에서 일하는 경우라면 문제가 더 심각하다. 야간에 아이를 맡길 수 있는 어린이집이나 유치원이 흔치 않기 때문이다.

"조부모님들이 아이를 봐주지 않으면 병원을 그만둘 수밖에 없는 거예요. 육아 때문에 그만두는 분들 굉장히 많죠. 아니면 자기 돈을 들여서 돌보미를 구해서 애를 볼 수밖에 없어요. 제가 아는 간호사는 쌍둥이를 낳았는데 같은 교회를 다니는 분이 맡아주셨어요. 야간 근무 할 때는 그분 집에서 재우고 일하러 나오고. 그렇게 애들 맡기고 와서 밤에 일하는 게 쉽지 않죠. 애들이 아프면 더 그렇고…… 근무하다가 나갈 순 없거든요. 사람 한 명이 비면 일이 안 돌아가니까 애가 아파도 속만 타는 거죠. 일도 안 되고."

조영재 씨의 아내도 같은 병원에서 같은 '사원'으로 일하고 있다. 둘 사이에는 올해 스무 살이 된 딸이 하나 있다. 조영재 씨는 그나마 어머니가 가까이에 살면서 도와주셨기 때문에 아이를 키울 수 있었다. 조영재 씨와 아내, 그리고 어머니까지 세 명의 어른이 병원에서처럼 집에서도 '교대 근무'를 하면서 아이를 키웠다.

"만약에 제가 오후 근무면 3시 30분에 출근하거든요. 와이프가 아침에 먼저 출근하면 제가 아이를 보고 있다가 오후 3시쯤 어머니가 오세요. 어머니가 오시면 제가 출근을 하고, 그때부터는 어머니가 봐주시는 거죠. 그러다가 저녁 때 와이프 퇴근하고 오면 또 어머니랑 교대하고, 어머니는 집으로 가시고. 집에서도 그런 식으로 교대를 해야 돼요. 그래서 제가 딸 하나 딱 낳고 '더 이상은 못 낳겠구나' 했어요."

병원은 여성 노동자가 80퍼센트 이상. 특히 가임기 여성이 70퍼센트 이상으로, 모성권 보장이 중요한 곳이다. 2016년 보건의료 노동자 실태조사에 따르면, 육아휴직 대상자 6,474명 중 육아휴직을 사용한 사람은 41.3퍼센트(2,671명)에 불과했다. 육아휴직은 1년까지 보장되지만 실제로는 평균 10.8개월밖에 사용하지 않았다.

법으로 보장된 육아휴직을 왜 못 쓰는 걸까. 그 이유로는 '인력 부족으로 동료에게 불편을 끼칠까봐'라는 답변이 20.7퍼센트, '분위기상 신청할 수 없다'는 답변이 23.8퍼센트로 조사됐다. 아이를 키우는 일보다 인력 부족을 먼저 걱정해야 하는 상황. 실태조사를 통해 '원치 않은 피임' 사례가 3.8퍼센트, '임신 순번제' 8.4퍼센트, '임신 후 야간 근무' 3.6퍼센트, '임신부의 유·사산' 사례가 2.9퍼센트로 조사된 것도 결국 '인력' 문제 때문이었다.

전국보건의료산업노동조합은 이와 같은 실태조사 결과를

근거로 ▲임신과 출산의 자율권 보장 ▲수유·탁아 등 육아에 필요한 보육 지원 시설 의무적 설치 ▲여성 노동자의 생리적 문제에 따른 건강권 확보 ▲임신 기간 근로시간 단축제도 정착 ▲모성보호 관련 근로기준법 위반 사례 조사와 시정을 위한 활동 등을 해나갈 계획이라고 밝힌 바 있다. 특히 "병원에서도 육아휴직으로 인한 결원 인력을 공석으로 두거나 비정규직으로 대체하지 않고 정규직으로 채용하도록 하는 '모성 정원제'가 반드시 시행되어야 한다"고 강조했다.

멋모르고 시작한 노조, 지부장만 두 차례

조영재 씨는 입사한 지 1년도 안 돼서 노동조합의 '문화부장'을 맡았다. 아니, '맡았다'가 아니라 '맡게 됐다'라고 표현하는 것이 적절할 것 같다. 그 스스로도 "멋모르고 시작한" 일이라 기억하기 때문이다.

　"무슨 철학이나 노동조합에 대한 인식 같은 게 있었던 건 아니에요. 노동조합 사람들이 대부분 배려심도 많고 배울 점이 많더라고요. 같이 어울리는 게 좋아서 따라다니게 된 거죠. 문화부장을 제안받았을 때 제가 무슨 생각을 했는지 기억은 없는데, 처음부터 거절은 안 했던 거 같아요. 멋모르고 그냥 시작했죠."

　조영재 씨가 일하는 병원의 노동조합 조합원은 750여 명이나 된다. 지금은 직원 모두가 의무적으로 노동조합에 가입하는 '유니온숍'이다. 유니온숍이 되기 전에도 조합원이 400여 명 정도 되는 큰 노동조합이었다. 조영재 씨는 그 뒤로 노동조합에서 여러 직책을 맡았고, 활동 10년 만에 '사원'으로는 처음으로 지부장이 됐다.

"노동조합에서도 솔직히 차별은 있었어요. 최하위직인 '사원'에다가 고졸이잖아요. 노동조합 간부 정도는 맡을 수 있겠지만 지부장은 안 된다는 인식들이 있었거든요. 쪽수도 간호사들이 제일 많고 저희는 제일 적었으니까요. 그런데 처음에는 그게 차별이라는 의식 자체가 없었어요. 잘못된 거라고 느끼지도 못했죠. 대학 나온 사람들은 머리도 더 잘 돌아가고 똑똑할 거라고 생각했어요. 오랫동안 노동조합 활동을 하다 보니까 저도 차츰 공부가 되더라고요. '아, 노동조합 안에서도 이렇게 하는 건 안 좋은 거구나' 느끼게 됐죠."

하지만 그가 원래부터 지부장을 하고 싶어서 한 것은 아니다. 계기가 된 것은 2002년 217일간 이어진 장기 파업. 그가 일하는 병원을 비롯해 같은 재단에 속해 있는 대학병원 몇 곳이 연대 파업을 벌였다. 조영재 씨는 문화부장으로 파업에 참여했다. 당시 파업으로 병원 세 곳에서 27명의 노동자들이 해고됐다. 긴 파업 끝에 12월 24일 빈손으로 현장에 복귀하면서 많이도 울었다고 한다.

"파업이 그렇게 오래갈 거라고 생각하지 않았죠. 장기 파업을 하다 보니까 중간중간 (파업을 그만두고) 업무에 복귀하는 사람들이 생기잖아요. 한 명 두 명 배신자라는 낙인 같은 것이 생기면서 '이러다 조합이 다 망가지겠다'는 생각이 들었어요. 파업 접고 나서 많이 울었죠. 솔직히 많이 힘들었죠. 지고 들어갔으니까. 패배감 때문에 사람들하고 눈도 마주치기 싫어서 일부러 마스크 쓰고 다니고 그럴 정도였죠."

노조 지부장은 해고됐다. 간부는 달랑 세 명 남았다. 조영재 씨가 부지부장을 맡고 다른 두 명이 새 지부장과 사무장을 맡았다. 뒤에 그가 지부장이 된 것도 '빈자리' 때문이었다. 어느 날 지부장이 산별노조 상급단체인 지역본부의 본부장으로 올라가게 되면서 누군가 빈자리를 채워야 했지만 나서는 이가 없었다.

"스트레스가 굉장했어요. 저도 전에 사무장을 하다 보니까 지부장님이 병원 측하고 만날 싸우고 으르렁거리는 것들을 봐왔잖아요. 절대로 처음부터 제가 하겠다고 얘기하진 않았죠. 오랫동안 '내가 할 수 있을까'라는 고민을 굉장히 많이 했거든요. 근데 2002년 장기파업 이후로 다들 노동조합이 부담스러웠던 거예요. 마음속으로는 노동조합이 있어야 된다 생각하지만 자기가 나서기에는 부담스러운 자리였죠."

병원지원직 '사원' 출신의 첫 지부장. 조영재 씨는 2년 임기의 지부장을 연속으로 두 차례 지냈다. 그 뒤로 노동조합 지부장 자리에 '사고'가 생겨서 임시 지부장 역할을 잠시 맡은 적도 있다. 지금은 노동조합 직책을 맡고 있지는 않다. 그동안 병원지원직에 대한 병원 안의 시선도 조금 달라지지 않았을까?

"분위기나 인식은 많이 바뀌었어요. 행정직이나 방사선사, 임상병리사 이런 분들이 저희한테도 선생님이라 불러주고요. 아무엇도 아닌 것 같지만 호칭이 굉장히 중요하더라고요. 솔직히 저한테 선생님이라 부르면 낯 뜨겁거든요. 그래도 그렇게 불러주는 사람들이 고맙죠."

20여 년의 야간 노동이 남긴 것

하지만 앞으로 그와 같은 병원지원직 '사원' 출신 노동조합 지부장을 보기는 힘들지도 모른다. 현재 병원지원직은 모두 외주 용역으로 넘어갔기 때문이다. 조영재 씨와 같이 과거에 정규직으로 들어온 사람들만 정규직 신분을 유지하고 있다. 그들이 퇴직한 자리는 비정규직 외주 용역으로 채우고 있다.

"병원에서는 우리 직종을 굳이 정규직을 쓸 필요가 없는 단순 노무라고 생각한 거죠. 계약 기간이 1년 11개월이에요. 2년을 채우면 정규직으로 고용해야 하니까. 그분들도 조금 일하다가 안 맞으면 다른 일자리 찾아서 나가버리죠. 왜냐면 열심히 일하면 정규직이 될 수 있다는 희망도 없으니까. 또 연봉제라서 임금 인상도 없는 데다가, 새로 계약할 때마다 이삼 개월씩 수습 기간을 둬서 임금을 적게 줘요."

그들에게도 노동조합의 문은 열려 있지만 가입하기는 쉽지 않다. 고용이 보장되지 않기 때문에 노동조합 가입을 이유로 불이익을 받게 될까 두려워하는 까닭이다.

"후배들 보면 너무 마음이 아프죠. 비참하죠. 똑같이 일하고도…… 그중에는 (간호조무사) 자격증을 따서 입사하는 사람도 있

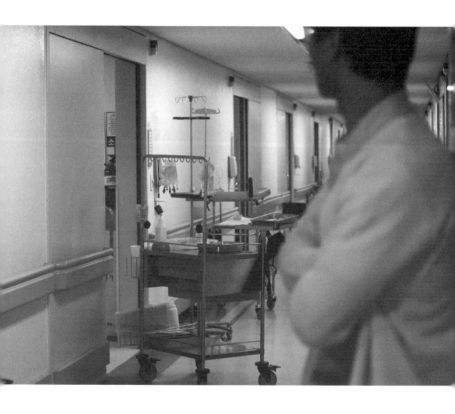

항의들도 '사람을 봐가면서' 한다는 거다.
조영재 씨와 같은 '사원'들에게는 막말을 퍼붓다가도
의사 '선생님'이 오면 태도가 달라지는 사람들을 볼 때
그는 참 입맛이 씁쓸하다.

거든요. 그런데도 정규직이 아니기 때문에 불합리한 것들을 겪을 수밖에 없는 거죠."

앞서 조영재 씨는 '병원 조직도에서 최하위 직종'이라고 자신의 일을 설명한 바 있다. 하지만 지금은 그 '최하위' 아래 새로운 '최하위'가 생겼다. 외주 용역화 이후 일하게 된 이들 말이다. 병원은 청소나 시설 관리는 말할 것도 없고, 필수적인 '의료 인력'을 제외한 거의 모든 직종을 외주 용역화했다고 한다. 정규직에게는 병원 이용 시 진료비 감면 혜택이 있지만 외주 용역 직원들에게는 혜택이 없었다. 노동조합은 병원과 협상을 통해, 병원지원직을 비롯한 모든 외주 용역 직원들도 진료비 혜택을 볼 수 있도록 개선했다.

병원지원직의 고용형태뿐만 아니라 노동환경에서도 '후퇴'가 일어나고 있다. 야간 근무 시 한 사람이 책임져야 할 병동의 수를 늘리는 것이다. 환자 몇 명당 일정 수의 간호사가 있어야 한다는 규정은 있으나, 그 밖의 직원들에게는 법적 규정이 없다. 고용은 불안정해지고 노동 강도는 높아지는 설상가상의 상황이다.

"예전에는 각 병동당 병원지원직 '사원'이 하나씩 있었는데, 어느 순간부터 한 사람이 두 병동, 세 병동을 맡게 됐어요. 법적인 규정이 없으니까 그렇게 바꾼 거예요. 특히 야간 근무 때 인력을 한 명씩 빼거든요. 만약 주간에 세 명 일했고 오후에도 세 명 일했으면 야간에도 똑같이 세 명 들어가야 되는데, 야간에도 환자 수는 똑같은데 인력을 두 명으로 줄여요. 물론 야간에는 검사 같은 것들이 줄어드니까 일이 어느 정도는 줄지만, 야간 노동이라는 것 자체가 힘들고 야간에도 스케줄 따라 돌아가기 때문에 쉬는 게 아니잖아요. 그리고 응급실이나 중환자실은 주간이나 야간이나 똑같거든요. 어디 다쳐서 오는 사람이 밤낮 가리겠어요?"

노동조합에서 이런 문제들을 더 적극적으로 제기할 수는 없는 걸까? 조영재 씨의 대답에는 한숨이 섞여 있었다. 이런 문제로 파업을 하고 투쟁을 하기에는 현실적으로 어려움이 있다는 것이다. 아무래도 병원 내의 '소수'이다 보니 다른 직종들은 문제를 이해하기 힘들다는 점, 그리고 대부분의 병원지원직들이 자격증도 없고 면허증도 없는 '비(非)의료인'이라 법적인 제도 개선을 요구하기도 어렵다는 점 때문이다.

"우리 직종이 어찌 됐든 환자와 보호자를 가장 가까이서 만나는 직종인데도, 사회의 전반적인 시스템이 비정규직으로 가고 있잖아요. 우리도 그걸 피하지 못한 거죠. 병원 안에서만 해결할 수 없는, 사회적인 시스템을 바꿔야 하는 문제가 돼버렸어요. 환자들 토사물, 대소변 다 처리해야 하고, 남들은 하기 싫어하는 일들을 하는데도 인정도 못 받고 이름 없는 존재로, 사각지대로 취급받는 것들이 서글프죠."

조영재 씨는 정년까지 이 일을 계속하고 싶다고 했다. 하지만 한편으로는 60대가 돼서도 '사원'으로 일하는 상상을 하면 비참하기도 하다고 말했다. 나이를 먹는다고 해서 야간 근무를 안 하는 곳으로 간다거나 편한 곳으로 간다는 보장은 없기 때문이다.

"환자들 토사물, 대소변 다 처리해야 하고,
남들은 하기 싫어하는 일들을 하는데도 인정도 못 받고 이름 없는
존재로, 사각지대로 취급받는 것들이 서글프죠."

그는 2017년부터 정신병동에서 일하고 있다. 대부분은 거동이 가능한 환자들이라, 그나마 응급실이나 중환자실보다는 일하기 편한 곳이다.

모든 사람은 자신의 인생에 걸맞은 '이름'을 가질 권리가 있다. 지금까지 인생의 절반 정도 되는 시간을 '병원지원직'으로 산 조영재 씨. 20여 년의 세월이 그에게 남긴 것은 무엇일까?

"일단은 제 가족이죠. 그다음은 단체협약 문서에 남아 있는 저의 이름? 제가 잘했다고 생각하진 않아요. 노동조합 활동은 그냥 제가 사람이 돼가는 과정이었죠. 아니었다면 직장인으로서 제 가족만 챙기는 배려심 없고 이기적인 사람으로 남았을 거예요. 학창 시절은 그렇게 보냈기 때문에. 고등학교 때 한 반에 63명 있었는데, 63등을 해본 적은 없어도 항상 61등이나 62등을 했어요. 공부는 아예 담을 쌓았고 대학교는 원서도 안 냈어요. 그냥 군대 제대한 후 어쩌다 이 일을 시작한 거죠. 사람들하고 같이 다니는 게 좋아서 노동조합까지 했는데, 그런 '날라리'도 이제 이 정도는 사람이 됐잖아요. 이 일도 노동조합하고 같이 가는 거라서, 둘을 따로 떼놓고 생각해보지는 않았어요. 제가 '사원' 쪽에서 처음 지부장이 됐고, 그다음 지부장이 또 저희 '사원' 쪽에서 나왔어요. 어떤 기틀을 마련했다고 하면…… 이렇게 말하면 너무 거창한가요?"(웃음)

그의 대답을 들으며 나는 인터뷰 전 그가 한 "저 같은 사람 이야기가 책이 될까요?"라는 질문을 다시 떠올렸다. 그의 질문에 대한 대답은 이제 독자들이 다 알고 있을 것이다.

비행기에 저당 잡힌 혁명가

– 공항항만운송본부 비정규지부 노동자 지명숙·김태일 씨

기록 정윤영

평생 사장님 소리만 듣고 살았다. 사업이 망하는 건 순간이었다. 먹고살아야 했고 하나뿐인 딸은 대학에 들어간 터였다. 갈 곳은 마땅치 않았고 뭐든 해야 했다. 김태일 씨가 입사한 곳은 E사. 대한민국 최대 항공사인 D항공 자회사에서 위탁한 기내 청소업체였다.

한 달에 140만 원 받으며 그는 미친 듯이 일만 했다. 빚을 갚는 3년 동안 아무것도 보이지 않았다. 3년 지나고 나니 그동안 월급이 한 번도 오르지 않았다는 게 눈에 들어왔다. 최저임금이 오르면 그만큼 정근수당이 줄었다는 걸 알게 됐다. 그가 처음 경험한 노동자의 삶은 비참했다. 같은 곳에서 같은 일을 하는 여성의 삶은 더 비참했다. 회사를 향해 그동안 못 받은 수당을 달라고 얘기하고, 여성도 똑같이 대우하라고 요구했다. 그렇게 회사와의 싸움이 시작됐고, 그의 삶은 노조 지부장의 삶으로 바뀌어갔다.

지명숙 씨가 E사에 입사한 건 다양한 직업을 소개하는 TV 프로그램을 본 뒤였다. 인천에서 대학을 다니는 아들과 함께 인천으로 온 지 얼마 안 되었고 일자리를 찾던 중이었다. TV에서 보여주는 비행기 내부 청소는 어딘지 신기하고 새로워 보였다. 인터넷에 '비행기 청소'를 검색했다. 그렇게 입사한 지 올해로 9년차, 2017년에는 노조 대의원을 맡았다.

지명숙 씨와 김태일 씨를 만난 건 2017년 겨울, 첫눈이 찔끔찔끔 내리던 날 인천공항에서였다. 공항은 사람들로 붐볐고 깨끗하고 화려했다. 몇 년 동안 세계 공항서비스평가에서 상위권을 기록한 곳이었다. 그 기록을 세다가 말았다. 왠지 모르게 뿌듯했다. 약속을 기다리며 창밖을 보니 눈발이 희끗 날리고 있었다. 그 공항 풍경이 꽤나 운치 있어 보였다.

비행기는 여행객을 태우고 곧 떠날 채비를 하고 있었고, 가방을 하나씩 메고 그 비행기에 오르는 사람들은 즐거워 보였다.

인터뷰를 약속한 두 사람은 항공기 기내 청소를 담당하는 조업 노동자. 비행기가 제시간에 이륙할 수 있도록 기내를 청소하고 정돈하는 일을 한다. 문득 아직 출발하지 않은 비행기에 조업 노동자가 있겠다는 생각이 들었다. 그런데 창밖을 보는 내내 그들이 비행기에 올라타거나 내리는 장면을 본 기억은 없다. 청소 노동자, 그들은 어디에서 어떻게 일하고 있을까.

"빨리! 빨리!", 재촉하는 감독의 날카로운 목소리

지명숙 씨가 매일 출근하는 곳은 인천공항 주기장. 주기장 옆 커다란 컨테이너에 E사 사무실이 있다. 출근 기록을 찍고 탈의실로 향한다. 얼른 작업복으로 갈아입고 조끼와 청소 가방을 준비한다. 조끼 주머니엔 일정표와 담요 현황이 담긴 수첩이 있고, 형광펜도 함께 꽂아둔다. 물수건도 양쪽 주머니에 하나씩 넣는다. 돋보기와 칫솔, 위생장갑, 오염물을 제거할 때 쓸 작은 쇠자도 잊지 않는다. 조그만 청소 가방에는 손걸레와 물비누, 청소 용품들을 모자라지 않게 채운다. 마지막으로 얼굴 사진이 잘 보이게 패스를 달면 작업 준비는 모두 끝난다. 준비를 마치고 무전을 기다리는 명숙 씨에게 탈의실은 이제 대기실이 되었다. 탈의실은 대기실이면서 식당이고 휴게실이며 또 수면실이 되기도 한다. 모든 것이 탈의실 한 공간에서 이루어진다.

비행기가 주기장에 도착했는지 바쁘게 무전이 울린다. 오늘 첫 비행기는 '통통이'라 불리는 소형기이다. 좌석 수는 적지만 보딩(승객 탑승)까지 20분도 채 남지 않았다. 소형기는 통로가 하나뿐인 데다 좌석 간 거리도 좁다. 이래저래 작업하기가 어려운 곳이다. 부랴부랴 가방을 챙기고 차에 올라탄다.

비행기까지 이동하는 차량은 폐차된 대형버스를 개조해 만든 것이다. 좌석을 없애고 물건을 쌓을 수 있게 선반이 놓여 있다. 선반에 올려놓은 기용품은 자리가 모자라 바닥부터 천장까지 무질서하게 쌓아올렸다. 좁은 버스, 쌓아올린 물건 사이로 틈틈이 사람들이 끼어 있다. 버스에는 손잡이도 없고, 안전벨트도 없다. 직원들은 바닥에 주저앉거나 선반 모서리에 엉거주춤 기대앉는다. 오래된 버스인지라 특유의 냄새에 숨이 막힌다. 소음과 매연은 10년이 다 되어도 적응되지 않는다. 사람을 위한 것인지, 기용품을 위한 것인지 명숙 씨는 버스를 탈 때마다 씁쓸한 기분이 든다.

비행기에 도착하면 먼저 남성 직원들이 기내 바닥 먼지를 진공청소기로 빨아들인다. 여성 직원들은 곧바로 좌석 정리를 시작한다. "빨리! 빨리!" 재촉하는 감독의 목소리가 날카롭다. '빨리'라는 말에 신경이 쭈뼛 곤두선다. 안 그래도 바쁜데 하필 안전벨트 하나가 의자 밑에 끼어 빠지질 않는다. 짜증이 확 난다. 다들 자기 코가 석 자라 도와줄 사람도 없다. 통로에 쭈그리고 앉아 있으니 왜 길을 막고 있냐고 고함을 지른다. 고함 소리와 온갖 욕설이 비행기 엔진 소리와 청소기 소리에 더해지니 '전쟁터'가 따로 없다. 머리가 지끈 아프다.

고막이 찢어질 듯한 소음에 마음이 어지러운데 좁은 통로를 지날 때마다 어깨를 부딪친다. 바닥에는 씹다 만 껌이 들러붙어 있다. 시간도 부족한데 오늘 따라 비행기가 "사람 잡으려고" 작정한 모양이다. 한참 쇠자로 긁고 문지르며 껌을 떼어내느라 일이 늦어진다. 부랴부랴 '바닥에 널브러진 별별 쓰레기'를 봉투에 구겨 넣는다. 100리터짜리 쓰레기봉투가 금세 꽉 찬다. 사람을 태우고 난 비행기는 난지도와 다름없다. 쓰레기를 담은 봉투는 무게가 엄청나지만, 그래도 담요에 비하면 괜찮은 수준이다. 청소 노동자들을 가장 힘들게 하는 건 무거운 담요다. 담요 수십 장이 담긴 비닐봉투를 질질 끌고 다니면 "손가락뼈가 빠지고 허리가 부러질 것" 같다. 동료와 부딪치고 바닥에 넘어지기 일쑤다.

좌석을 정리하고 쓰레기를 치우면 기용품을 새로 채워 넣을 차례. 앞에서 뒷줄까지 좌석마다 신문과 홍보 책자를 채우다 보면 허리 한 번 펼 새가 없다. 테이블을 열고, 닦고, 다시 닫으면 금세 손이 부르트고 손톱이 깨진다. 10년 넘게 일한 동료들의 "손마디가 다 튀어나온 것"을 볼 때마다 명숙 씨는 한숨이 나온다.

그래도 오늘은 그나마 다행이라고 해야 할까. '라바토리'(화장실) 당번이 아니니 말이다. 화장실 청소는 직원들 모두가 기피하는 일이다. 토사물이나 용변이 제대로 처리되지 않을 때가 많아 청소하기가 영 곤란한 게 아니다. "먹은 것이 올라올 것" 같지만 마스크도 장갑도 없을뿐더러, 있더라도 쓸 여유가 없다. 기내 청소가 끝나는 시간에 맞춰 열 개쯤 되는 라바토리를 전부 깨끗이 닦고 휴지와 비누를 채워야 하기 때문이다.

좌석을 정리하고 화장실과 주방 청소가 끝나면 좌석 앞줄부터 뒷걸음질치며 빠뜨린 건 없는지 꼼꼼하게 확인한다. 기내와 승무원 휴식 공간, 기장실 침대칸까지 깔끔하다. 보딩 5분 전. "번갯불에 콩을 튀긴 것 같은 순간"이 지났고 다행히 비행은 지연되지 않았다. 분초를 다투며 일할 때는 신경이 곤두서지만, 깨끗하게 잘 정돈된 기내를 보면 마음이 한결 편해진다. 청소 가방을 들고 계단을 내려와 비행기를 바라보는 시간을 그녀는 좋아하게 됐다. 아주 사소한 것이지만 그렇게라도 보람이나 만족을 찾지 않으면 버티기가 어려웠다.

"비행기가 법이에요"

근로기준법 제59조. '근로시간 및 휴게시간에 관한 특례' 조항으로 특정 업종의 경우 주 12시간 이상 연장 근로를 허용하는 조항이다. 운수업이나 통신업, 의료업과 청소업 등이 여기에 해당된다. 최근 집배원 과로사와 화물차 사고가 연달아 일어난 사업장들은 근로기준법 59조에 따라 무제한 연장 근무를 허용하는 곳들이다. 장시간 노동은 야간 노동을 피할 수 없고, 쉬는 시간도 없이 일에 시달린다. 결국 한 사람의 무제한 연장 근로는 과로사로 이어지기도 한다.

E사 직원은 380여 명, 새벽조부터 심야조까지 시간대별로

일하는 사람은 늘 부족하고, 직원들은 매일같이
연장 근무를 한다. 하루에 15시간씩 일하고, 한 달에
'연장 근로만 90시간'인 경우도 적지 않다.

조를 나누어 일한다. 비행기 시간에 따라 청소하는 인원은 매번 다르다. 많게는 80명이 올라가 20분 안에 청소를 끝내기도 하고, 적게는 4명이 한 시간 넘게 일할 때도 있다. 어느 시간대에 일하든 직원들은 하루 평균 20대 이상의 비행기에 오른다. 직원들은 브릿지를 스무 번 이상 무거운 짐을 들고 오르락내리락하며 라바토리 당번은 하루에 1,000개가 넘는 변기를 닦는다. 조를 나누고 당번을 정해 역할을 분담해도 일하는 양은 절대적으로 많고 노동시간도 길다. 일하는 사람은 늘 부족하고, 직원들은 매일같이 연장 근무를 한다. 하루에 15시간씩 일하고, 한 달에 '연장 근로만 90시간'인 경우도 적지 않다.

심야조는 로테이션 없이 오후 10시부터 오전 6시까지 일한다. 새벽에는 비행이 많지 않아 직원은 스무 명 남짓. 급박하게 청소를 하거나 연장 근로를 하지는 않아 낮 시간에 비해 조금 여유롭다고 했다. 그렇게 말은 했지만 심야조이기 때문에 더 힘든 점이 분명히 있을 것 같았다. 심야조 직원이 직접 겪는 야간 노동의 폐해 같은 걸 듣고 싶어 야간에 일하면서 가장 힘든 게 뭔지 물었다. 심야조에서 일한 지 5년 조금 넘었다는 여성 노동자 최 씨는 "익숙해져서 잘 모르겠다, 몸이 적응해 밤에 일해도 아무렇지 않다"고 답했다. 밤에 일하느라 가족 얼굴도 잘 못 보고, 그러느니 차라리 혼자 사는 게 더 편하다. 저녁 약속은 언제가 마지막이었는지 기억도 안 나고 만나는 사람들은 공항 직원들이 전부다. 그녀 삶은 비행기와 집, 일과 잠이 전부였다. 그런데도 이제 적응이 되어서 괜찮다고 말하니 더 보채어 묻지 않았다. 그녀가 정작 힘들어하는 것, 정말 바꾸고 싶은 건 따로 있었다.

E사 직원들에게는 사람보다 비행기가 늘 우선이고 노동자들의 삶과 시간은 비행기에 맞춰 돌아간다. 인천공항 주기장에는 한밤중에 잠옷을 입고 돌아다니는 사람들을 어렵지 않게 볼 수 있다. 제멋대로인 스케줄 탓에 직원들은 언제 밥을 먹을지, 언제 출근을 해야 할지 알 수가 없다. 몇 시간 못 자고 출근하느니 아예 탈의실에서 자기도 한다. 공항에 있을 때는 전화 한 통 못 받을 정도로 정신없이 일한다. 퇴근하고 집에 왔다고 여유가 있는 건 아니다. 잠에 허덕이거나 밀린 집안일을 해치운다. 그러다 회사에서 연락이 오면 부리나케 공항으로 뛰어나간다. 퇴근해도 자기 삶이 없긴 마찬가지라며 김태일 씨는 한숨을 길게 토해냈다.

"아무 때나 불러요. 나오라면 그냥 나가야 돼요. 스케줄을 정해도 한 시간 일찍 나오라 하면 나가고. 정상적으로 스케줄이 돌아가려면 지금보다 40~50명 더 필요해요. 바꿔 얘기하면 고용 안 하고 다른 노동자들 피 빨아 먹고 있다는 거예요. 하루 15시간씩 일하면 죽어요, 죽어. 다들 잠 못 자고 일에 시달리니까 삶이 피폐하죠. 근로기준법은 없고 비행기가 법이에요."

여성 직원 240명, 휴무인 사람을 빼도 하루에 200명이 넘는다. 그 인원이 대기실에서 잠도 자고 밥도 먹는다. 청소가 끝나면 직원들은 먼저 자리를 잡고 누우려고 대기실까지 전력 질주해 뛰어온다. 컨베이어벨트 돌아가는 소리와 여름엔 모기, 겨울엔 추위 때문에 잠을 잘 만한 곳이 아니지만 여기 말고는 몸을 누일 곳이 없다. 각자 이불을 가져와 평상 한편에 몸을 웅크린다. 평상을 차지하지 못하면 의자를 여러 개 붙여놓고 잠을 청한다. 불을 끄고 잠에 들 만하면, 사람들 옷 갈아입는 소리와 밥 먹는 소리가 들린다. 누군가 웅크리고 있는 몸을 발로 밟고 불을 환하게 켠다. 좁은 공간에서 서로 부딪칠 때마다 욕설을 퍼붓고 소리를 지른다. 버릇처럼 욕을 해가며 밥을 먹고 옷을 갈아입으며, 소리를 지르면서도 습관처럼 잠을 청해본다.

비행기에 항상 양보해야 하는 공항 사원들에게 휴식시간이란 "화장실 가고 이동하는 시간"이다. 15시간 근무 중 점심시간은 딱 한 시간. 그것도 정해진 시간이 아니라 비행시간에 따라 다르다. 점심시간은 10시가 될 때도 있고 2시가 될 때도 있다. 배가 고프지 않아도 밥을 먹고, 배가 고파도 밥 먹을 새가 없다. "걸어 다니면서 떡 먹고 버스로 이동하면서 뻥튀기 먹고 눈치 봐가며 승객들이 놔두고 간 빵을 먹으면서" 일한다. 직원들은 돌아다니며 배를 채우고, 배를 채우면 거기가 식당이다.

유일한 점심시간은 1시간, 도시락을 먹으려고 대기실에 들어가면 앉을 곳이 없다. 테이블에는 사람들이 이미 앉아 있고, 평상에는 쪼그리고 자는 사람들로 꽉 찼다. 대기실 벽에 기대어 서서 밥을 먹거나, 바닥에 앉아서 먹기도 하고, 정 자리가 없을 때는 대기실 밖 쓰레기통 옆에서 먹기도 한다. 다른 비행기에서 챙겨 온 생수를 누군가 마셨다가 감독에게 생수병을 뺏기고 "물에 손대지 말라"며 된통 혼났던 때를 지명숙 씨는 잊지 못할 상처로 기억한다.

"다른 비행기에서 주운 물이라고 얘기하는데도 거짓말하지 말라면서 물을 가져가는 거예요. 우린 목말라 죽으라는 건가 싶죠. 물을 가져온 사람도, 아닌 사람도 거기 있던 모든 직원들이 자존심을 다쳤죠. 물보다 못한 존재가 된 것 같으니까. 서러워서 그날 밤에 잠도 못 잤어요."

직원들이 느끼는 서러움은 누군가 어쩌다 느끼는 감정이 아니다. 너무 익숙해 무덤덤해졌을 뿐, 공항에 있는 매 순간 서럽다. 직원들은 청결하고 잘 정돈된 기내를 위해 비행기 계단을 오르락내리락 하지만, 그 모습을 승객들에게 보여서는 안 된다. 승객이 내리고 타는 동안 직원들은 주기장에서 기다리는데, 눈비가 오거나 한여름이거나 한파에도 예외는 없다. 양손 가득 청소 가방과 기용품을 들고 있어 우산을 쓸 수가 없고, 우비가 있더라도 기내 안에서 벗을 수가 없으니 무용지물이다. 신발이 젖은 채 승객이 다 내리기를 기다릴 때는 여지없이 "우리는 노예"라는 생각뿐이다.

한겨울에는 비행기 난간에 손이 "쩍쩍 달라붙을" 정도로 춥지만 작업용 점퍼 하나가 전부다. 기다리기 너무 추울 때는 쓰레기봉투용 파란 비닐을 뒤집어쓰기도 한다. 비닐을 두르고 있는 직원을 승합차가 알아보지 못하고 그냥 지나가는 바람에 20분 동안 추위에 떨었던 일은 직원들끼리 사진으로 찍어 돌려볼 만큼 '웃픈' 사건으로 남아 있다. 반대로 여름에는 숨이 턱턱 막힌다. 비행기 시동을 꺼놓은 2층짜리 비행기는 한증막이나 다름없다. 땀에 흠뻑 젖어 "몰래 윗옷을 벗고" 일할 때도 많다. 폭염에는 비행기 안에 들어가기조차 싫다. "에어콘 틀어달라, 쉬는 시간이라도 좀 달라"고 얘기해보지만 진짜 들어줄 거라고 기대하는 사람은 없다.

꿈 없이 사는 4D 노동자

비행기에 밀려 사는 E사 공항 사원들은 위험한 환경에도 노출돼 있다. 직원들은 하루 종일 소음에 시달리고, 시커먼 타이어 가루가 흩날리는 주기장은 온갖 공해로 숨쉬기가 힘들다. 등록되지 않은 차가 돌아다니는 주기장에는 신호등이나 횡단보도도 없다. 폐차된 버스는 기울어져 있고, 차들끼리 자주 부딪친다. 언제든 사람을 칠 수 있는 위험한 상황에 보험 같은 건 당연히 없다. 사고가 나더라도 알아서 해결해야 한다. 김태일 지부장은 버스가 위험하게 달리고, 그 사이사이를 노동자들이 지나가는 걸 볼 때마다 "악의 구렁텅이에 빠진 것 같다"고 비꼬았다.

"항상 위험한 곳이에요. 눈치 보고 아무 데서나 차 돌리고, 박는 사고 많죠. 겉으로는 얼마나 좋게 해놨어요. 서비스 1위지만 노동자들은 죽어. 뒤지게 일해야 돼."

위험한 작업 환경, 노동자 안전은 뒷전인 탓에 노동자들이 정말로 죽을 뻔한 일이 벌어졌다. 2017년 7월, 심야조 직원이 청소하러 기내로 들어갔다가 직원 여섯 명이 5분도 지나지 않아 호흡곤란을 겪다 실신해 응급실로 실려가는 일이 있었다. 기화 소독은 일반 소독과 달리 방역 약품을 공기에 분사하는데, 6주에 한 번씩 하거나 벌레가 나왔을 때 일시적으로 실시한다. 이때 쓰는 살충제는 CH2200이라는 유해 화학물질로 노출될 경우 피부질환과 생식기 세포 이상 등을 초래한다고 알려져 있다. 방독 마스크와 보안경, 보호 장갑을 착용하라고 물질안전보건자료에도 명시돼 있으며, 방역한 뒤에는 1시간 이상 환기하도록 되어 있다. 그러나 방독 마스크도, 보안경도 없다. 비행시간에 쫓겨 직원들은 안전관리 설명도 제대로 듣지 못한 채 기화 소독이 뭔지도 모르고 "들어가라니까" 들어갔다. 여객기로 들어가자 "눈도 따갑고 이게 뭔가 싶은 이상한 느낌"이 들었다. 기내로 먼저 들어간 직원이 가슴이 답답해 숨을 못 쉬겠다며 실신했고 잇따라 들어온 직원들도 쓰러졌다. 직원이 살충제에 중독돼 실신한 건 처음이지만, 유해 화학물질로 분류된 살충제는 20년 동안 써오던 것이다.

그날 응급실에 실려간 직원 중에 상태가 바로 호전된 사람은 곧바로 회사로 돌아와 일했고, 상태가 심각한 몇몇은 보름 가까이 입원해 치료를 받았다. 병원에서 치료비는 돌려받았지만, "꾀병 아니냐"는 조롱도 함께 받았다. 직원들이 쓰러져 응급실로 실려간 건 6개월이 훨씬 지나서야 알려졌다. 집단 산재임에도 회사는 노동부에 보고하지 않았고, 보호장비를 갖춰달라는 직원 요구에 정확한 데이터를 가져오라고만 했다. 사건이 언론에 알려지고 나서야 회사는 재발 방지를 약속했다. 당시 현장에 있던 심야조 직원 최 씨는 비행기에 오를 때마다 그날이 떠올라 여전히 "치가 떨

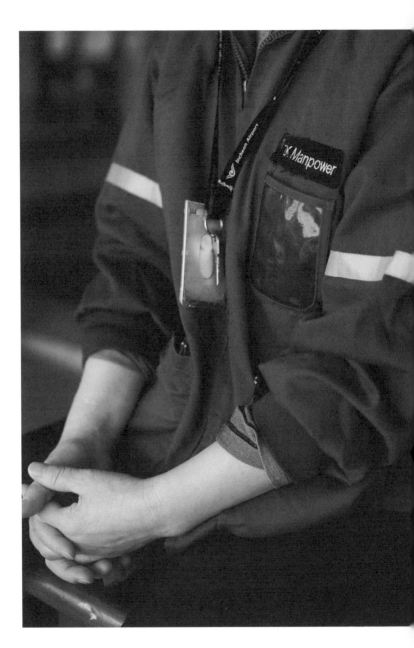

리고" 숨이 막힌다고 했다. 회사에선 그 살충제를 안 쓴다고 하지만 믿을 수가 없다며 그녀는 답답함을 호소했다.

"지금도 걱정돼요. 그동안 쓰던 걸 안 쓰면 지금 어떻게 소독해요? 기화 소독을 했는지 안 했는지 얘기를 아예 안 해요. 물어보면 대답은 안 하고…… 너무 답답해요. 숨기지 말고 직원들이랑 소통하면 좋겠어요."

공항 사원들은 혼자 사는 사람들이 대부분이다. 김태일 지부장도 지명숙 대의원도 심야조 최 씨도 모두 혼자 산다. E사에서 10년 넘게 일한 사람도 많지만 "어차피 발 들여놨으니까 그냥 하는 것"일 뿐 일에 적응하지 못하고 며칠 만에, 혹은 몇 시간 만에 그만두는 사람이 수두룩하다. 지명숙 씨는 공항에서 일하는 사람 중에 "정상적인 삶을 사는 사람 없다"며 고충을 털어놨다.

"3D 업종이라는 말 있잖아요. 우리는 4D야. 드림리스 (dreamless). 갈 데도 없고 꿈도 없는 거지. 일하는 사람 30퍼센트가 혼자 살아요. 아니면 남편이 장애가 있거나 병원에 있어서 일을 할 수밖에 없는 사람들이 와요. 생계가 절박하니까 이런 일을 하는 거지. 우리 하는 일이 비인간적이라고 봐요. 매일 여기서 사니까 혼자 사는 사람들이 오래 남아요. 가정이 있어도 남남처럼 살고."

여성 노동자라고 정근수당 못 받아

꿈 없이 혼자 살며 하루 종일 일에 얽매여 사는 사람들, 그래도 꿈이 있다면 한 푼이라도 더 모으는 것이다. 그 돈으로 빚도 갚고 '자식 뒷바라지'도 하고 하루, 하루 먹고 살 수 있으니 연장이든 밤샘 근무든 돈을 받으면 그걸로 만족한다. 여성 공항 사원의 기본급은 135만 원(2017년 기준). 아무리 혼자 살아도 먹고살기 벅찬 돈이다. 연장 없인 생활이 불가능하고, 한 달에 정말 단 한 번도 쉬지 않고 연장 근무를 자처하는 직원도 있다. 연장 몇 번, 수당 몇 만 원에 삶의 희비가 갈린다.

김태일 씨는 일한 지 3년이 지나 체불임금이 있다는 걸 알았다. 그만 못 받은 게 아니었다. 노동자들이 받지 못한 돈이 '21억'이나 되었다. 계약서를 보니 매해 정근수당이 줄어들었다. 딱 최저임금이 오른 만큼이었다. 회사는 "아랫돌 빼서 윗돌 막는 느낌"으로 수당을 빼서 최저임금을 맞춰왔다. 시급 몇 천 원은 피 같은 돈이고 아까워서 못 쓸 귀한 돈이었다. "수당으로 먹고사는" 직원들을 생각하니 부아가 치밀어 올랐다. 그는 두 번 생각 않고 곧바로 관리자를 찾아가 "이때까지 갉아먹은 거 돌려달라"고 호통치듯 말했다. 누구도 내본 적 없는 큰소리, 이제껏 아무도 해보지 못한 말이었다. 동료들은 "그러다 잘리면 어쩌느냐"고 걱정했고, 노조가 필요하지 않겠냐고 권유했다.

처음엔 자신이 받지 못한 180만 원을 "싸워서라도 돌려받겠다"고 시작했지만, 지상조업 위탁업체인 샤프 항공이 노조를 만드는 걸 보며 김태일 씨도 혼자 싸워서 될 일이 아니라는 생각이 들었다. 노조 설립일은 그에게 잊지 못할 하루였다. 사측 방해로 노조 설립이 미뤄지자 설립 장소를 끝까지 공개하지 않고 설립 총회를 준비했다. 처음 설립을 준비한 일곱 명만 덩그러니 모였다. 이 직률이 높은 곳인데 과연 노조에 가입할까 걱정이 앞섰다. 알음알음 동료에게 설립 총회 장소를 일러주자, 순식간에 150명이 모였다. 총회 10분 전이었다. 이번엔 민주노총 관리자가 문제였다. 방문증을 받지 못한 탓이었다. 부랴부랴 샤프항공 노조의 도움을 받아 들어올 수 있었다. 노조를 만들어보자고 모였지만 노조를 어떻게 설립하는지 뭘 해야 하는지 김태일 씨도 E사 직원 그 누구도 아는 게 없었다. "노동에 대해서는" 더 그랬다. 노조가 뭔지 몰라도 사람답게 일하고 싶다는 생각은 같았다. 2017년 4월, 조합원 260명과 함께 노조를 만들었다.

E사 노동자들은 체불임금과 노동환경 개선, 그리고 남녀차별 없이 정근수당을 적용하라고 목소리를 냈다. 체불임금을 이유로 노조를 만들었지만, 문제는 그뿐만이 아니었다. 최저임금이 오를 때마다 줄어들던 정근수당을 여성 노동자들은 아예 받을 수 없게 되어 있었다. 여성 노동자들은 비행기에, 그리고 남성 노동자에게 늘 밀려났다. 인간으로서 차별을 느꼈고 여성이라는 이유로 차별을 받았다. 그 사실도 노조를 만들고 난 후에나 알게 됐다.

여성에게 정근수당이 없는 이유를 설명하는 회사 논리에 조합원들은 기가 막혔다. 남성 직원들에게 정근수당을 주는 건 담요처럼 무거운 걸 들기 때문이라고 했다. 그러나 남성들만 그 일을 하지 않는다. 300개 가까이 되는 담요를 30명도 채 되지 않는 남성들이 모두 교체한다는 건 불가능하다. 게다가 남성 직원들은 새벽이나 야간 근무, 연장 근무가 거의 없고, 주방이나 화장실 청소도 모두 여성들 몫이다. 생각할수록 말도 안 되는 이유였다. 김태일 지부장 말처럼 "남자들은 몇 안 되는데 여자들이 많으니까 그 돈을 다 주기 싫어서" 그런 것일까? 한국공항 비정규직지부 조합원 260명 가운데 240명이 여성이다. 여성 직원 대부분이 노조에 가입한 셈이다.

노조는 먼저 산업안전보호공단에 CH2000 기화 소독제 성분 분석을 의뢰하고, 산업안전보건법 위반 등을 이유로 노동청에 고발장을 냈다. 산업안전보건법 외에도 환경폐기물 관리법 등 진정서를 넣어놓은 사항만 열여섯 가지였다. 회사는 소독제 사용과 관련해 교육을 실시하지 않았다는 이유로 벌금 600만 원을 물었고, 전에 없이 회사에 노동부 특별감독관이 드나들었다. 김태일 지부장은 노조를 만들고 난 후에 버릇이 하나 생겼다고 했다. 아무도 없이 혼자 사는 집이건만 방문을 꼭 걸어 잠그고 자게 되었다며 기가 찬 듯 웃으며 말을 이었다.

"회사 비리 알렸다는 이유로 명예훼손 당했어요. 나 때문에 회사는 몇 십억이 날아가게 생겼으니까 내가 얼마나 밉겠어요. 나를 어떻게 하고 싶지 않을까 이런 생각도 들고. 방문 잠그는 게 버릇이 됐어요. 회사에서도 조합원들이 양쪽에서 보호해주고 다녔어요. 회사는 나보고 체불임금 줄 테니까 나가라고 해요. 왜 나한테만 주냐, 직원들한테 다 주라고 했죠."

노조를 만들지 않았으면 몰랐을 것들이다. 그동안 "안 뺏어 먹은 게 없었"고 근로기준법도 제대로 지키지 않았다. 직원들의 "비인간적인" 상황도 나 몰라라 했고 한 번 쓰고 버리는 일회용품 대하듯 하찮게 대했다. 그래도 노동자들은 "충성을 다해" 일했다.

잘못된 걸 바로잡아보자고 들썩거리니 여기저기 잡음이 끊이질 않았다. 회사는 지부장에게 회유 아닌 회유와 협박 아닌 협박을 반복했고, 직원들끼리 갈등도 수그러들 줄 몰랐다. 비조합원은 체불임금 지급하라는 문구가 적힌 조끼를 입은 조합원들에게 "등허리에 그거 달고 다니면 돈 나오냐?"며 조롱하고, 못마땅한 듯 흘겨봤다. 노동자를, 노조를 위한 곳은 없다는 생각은 비단 회사 안에서만이 아니었다. 회사 밖, 노동부를 찾아갔을 때도 똑같이 느꼈다.

출퇴근 기록 장부나 월급 명세서를 요구하면 사측은 없다는 말만 반복하는데도 노동부는 사측의 성의 없는 답변에 별 다른 대응을 하지 않는다. 특별감독 나온다던 E사 담당 감독관은 노조가 요청한 문제 상황에 대해 "현장에는 나와보지도 않고 서류만" 받았고, 그마저도 감독관이 세 번이나 바뀌는 바람에 일은 더디고 절차만 번거로워졌다.

한국노총 산하 노조에는 자신이 가입했다는 사실도 모른 채 가입돼 있는 조합원들이 있다. 노조 위원장이 누군지 사무장이 누군지도 모른다. 가입 사실을 안 직원들이 탈퇴한 뒤 민주노총 비정규직지부로 옮겨왔다. 노동부에 사실 관계를 확인해달라고 요청했지만, 답은 없다. 김태일 씨는 "노동부는 노동자 편이냐, 회사 편이냐"고 따져 물었다가 노동부로부터 "고발하겠다"는 말만 들었다. 고용노동부 장관을 만나 면담까지 했지만 "도와준다고 하면서도 맨날 말뿐"이었다. 매일같이 노동청에 찾아가는 그에게 감독관은 "내용이 많으니 그냥 합의 보라"고 퉁명스럽게 대꾸한다.

예순 살에 배우는 혁명가

삶의 벼랑 끝에서 최저임금으로 버티며 살던 그였다. 가족들은 한 달에 한 번이나 볼까 싶고, 그 많던 친구들, 사업 파트너와 연락이 끊긴 지 오래됐다. 노조를 만들고 지부장이 된 뒤에는 회사와 매일 부딪치고 감독관과도 볼 때마다 싸운다. 비조합원은 지나칠 때마다 비아냥거리고, 조합원들의 크고 작은 불만은 끊이질 않는다.

그럼에도 노조 때문에 생긴 변화는 적지 않았고, 그 변화만으로도 매일 똑같이 반복되는 싸움과 조롱이 견딜 만하다. 먼저 눈에 띄는 건 직원들이 불안해하는 기화 소독제 CH2000을 공식적으로 더 이상 사용하지 않게 됐다는 것이다. 지부장은 "노조 만들고 대기업이 써온 독극물을 못 쓰게 한 게 최고로 잘한 것"이라며 자랑을 감추지 않았다.

또 퇴근 후 10분, 20분씩 꼭 잡아두던 연장이 사라졌다. 이제 퇴근시간이 되면 퇴근하라는 무전이 올 때까지 눈치 보며 기다리지 않아도 되었다. 몇 초라도 집에 빨리 가려고 뛰어다니는 노동자들에게 연장에 포함되지 않는 10분은 짧지 않은 시간이었다. 10분

그가 배우고 노래하는 혁명은 그런 세상이 아닐까.
사람답게 살 수 있는 세상이라는 말이 너무 흔해 혁명이라는
단어조차 어울리지 않는 평범하고 당연한 세상.

을 되돌려 받은 것도, 눈치 보지 않고 칼퇴근하는 것도 큰 변화였다. 변화는 관리자들 말투에서도 느껴졌다. 항상 "명령하고 소리지르고" 직원들을 함부로 대하던 관리자들도 더 이상 전처럼 강압적으로 대하지 않는다. 지부장이 관리자들 책상 앞에 근로기준법 내용이 담긴 종이 한 장을 붙여놓은 뒤 부터였다.

체불임금 21억에 대한 노동부 법적 판결은 아직 나지 않았으며, 남녀차별이라는 지적에도 여전히 남자들만 정근수당을 받고 있다. 근로기준법 59조 전면 폐지 목소리에도 장시간 노동에는 변함이 없으며, 공공 부문 정규직 전환 가이드라인에 따른 직접고용도 아직은 먼 일 같다.

그럼에도 노조에 생긴 작은 변화가 조합원들과 일터를 바꾸고 있다고 지부장은 느낀다. 무조건 월급만 나오면 그걸로 만족했던 조합원들이 정근수당을 비롯한 연장수당과 주휴수당을 챙기기 시작했고, 회사가 시키면 무조건 따르던 직원들이 이제는 따져 묻기도 하고 싫다고 거부하기도 한다. 무엇보다 조합원들이 처음에는 "내 돈을 위해 싸웠지만 이제 최저임금도 못 받는 노동자들"과 연대할 수 있게 됐다는 사실이 지부장에게는 감동이었다. 그 감동 때문인지, 일터의 작은 변화가 그의 삶까지 완전히 바꾸어버렸다.

오며 가며 조끼 주머니에 사탕을 쓱 넣어주고는 고맙다고 말하는 조합원들 얼굴을 보는 것으로도 좋았다. 그동안 한 번도 써보지 않았던 노동자, 동지라는 말을 요새는 입에 달고 산다. 노동자들과 어울려 사는 게 행복하고, 동지들과 같이 있는 게 무엇보다 편했다. "어떡하면 (체불된) 돈 받아줄까, 비참한 환경을 바꿀까, 같이 행복하게 살 수 있는 길을 만들까" 온통 노동자, 노조 생각뿐인 탓에 자다가도 벌떡 일어나 소송 준비를 하고, 근로기준법이 뭔지 책을 들춰보며 노동법을 공부한다.

평생 사장님으로 살다 노동자로 살아보니 소감이 어떠냐고 묻자, 그는 처음엔 별 차이가 있을까 싶었다고 했다. 그러나 노동자라는 이름으로 산 지 4년 만에 그는 노동조합 지부장이 되었고, 이제는 "혁명"을 꿈꾸는 혁명가로 바뀌어가고 있다.

"처음엔 어색했지만 지금은 노동자가 내 인생의 전부가 됐어요. 동지란 말도 배우고 투쟁이란 말도 배우고. 요샌 〈파업가〉랑 〈임을 위한 행진곡〉 같은 노래도 배우고 있어요. 지금은 아시아나항공 노동자들과 최저임금 노동 연합을 만들려고 해요. 혁명은 조합원들이 있어야 하거든요. 싸우는 건 법원에서 변호사가 하지만, 혁명은 동지들이 있어야 돼요. 저도 그걸 배운 거죠."

최저임금 떼이지 않고 일한 만큼 받을 수 있고, 편히 앉아서 밥 먹고, 잠시 발 뻗고 쉴 수 있으며, 승객을 태우고 비행기가 뜨는 데 없어서는 안 될 사람에 대한 예의가 있는. 그가 배우고 노래하는 혁명은 그런 세상이 아닐까. 사람답게 살 수 있는 세상이라는 말이 너무 흔해 혁명이라는 단어조차 어울리지 않는 평범하고 당연한 세상. 그가 부르는 뻔하고 시시한 혁명가가 공항 노동자, 그리고 일하는 모두에게 들리기를 바라본다.

여섯 번째 이야기

잠들지 않는
지하 세계 사람들

– 서울교통공사 노동자

<u>기록 신정임</u>

지하철 막차를 탔다. 약속 시간에 늦을까봐 마음이 바쁜데 지하철이 자꾸만 역에서 오래 머문다. 아침 출근 시간만큼이나 타고 내리는 사람이 많으니 그럴 수밖에. 그냥 마음을 내려놓고 만원 지하철 안 승객들에게로 눈길을 돌린다.

방금 전까지 술집에 있었는지 불콰하게 물든 얼굴들이 많다. 흐느적거리는 그들 곁에 고된 노동을 그대로 드러내며 꾸벅꾸벅 조는 이들도 있다. 이런 번잡함 속에서도 꿋꿋하게 영어책에 눈을 고정한 채 무언가를 되뇌고 있는 수험생도 있다. 나머지는 스마트폰을 보거나 귀에 이어폰을 꽂은 채 멍하니 앞만 바라보고 있다. 그 이어폰에서는 어떤 음악이 흘러나오고 있을까? 한참 사람들을 보며 상상의 나래를 펼치다 보니 어느새 시계는 자정을 넘어섰고 약속 장소에 도착했다. 하루 시작과 함께 하루 일을 시작한다는 설렘을 안고 개찰구를 바삐 빠져나왔다.

한 출구로 가니 여럿이 기다리고 있었다. 서울지하철노동조합이 산업안전보건법과 단체협약에 따라 1년에 두 차례 벌이는 작업환경 측정을 하기 위해 모인 일행이었다. 1년 365일 새벽부터 새벽까지 움직이는 지하철이 이상은 없는지, 그 지하철이 끊임없이 오가는 선로는 온전한지 등을 살피고 고치는 이들이 있다. 그들이 일하는 환경이 건강을 해치는 부분 없이 적절한지 확인하는 일이 작업환경 측정이다. 오늘은 5호선 현장을 점검한다.

하루 평균 800만 명의 안전을 책임지는 사람들

먼저 역에 있는 기계실에 들렀다. 현장과 신호를 주고받고 설비들을 제어

할 수 있는 장치들이 있다. 계속 켜 있는 컴퓨터 화면에서 열차가 어디 있는지 확인할 수도 있다. 하지만 지금은 이곳 컴퓨터가 하는 일이 많이 줄었다. 각 현장 운전취급실에서 하던 걸 이제는 본사에서 조절하기 때문이다. '효율화'라는 이름 아래 이루어진 조치지만 그만큼 인력은 줄었다.

그 밖에도 안전모부터 커다란 해머와 니퍼 등 각종 공구들이 보였다. 안내를 맡은 한창운은 "예전엔 우리가 페인트칠도 하고 시설 정비도 다 했다"면서 앞에 있는 도구들 쓰는 법을 설명했지만 기계치인 나에겐 외계어처럼 들렸다. 다만 그동안 무심코 탔던 지하철이 안전하게 움직이는 데는 작은 나사 하나도 허투루 보지 않는, 지하철 노동자들의 세심함이 한몫하고 있다는 걸 느낄 수 있었다.

안내자 한창운은 서울지하철노조 노동안전보건부장으로, 1995년에 입사해 20년 넘게 신호 업무를 해왔다. 신호직이 어떤 일을 하는지 모르겠다고 하자 그가 "내가 신호 일을 해서가 아니라 신호의 발전이 철도의 발전이었다"라면서 신호의 발달사를 설명해나갔다.

"초창기엔 역무원들이 나와 깃발을 흔들면서 열차가 오가는 걸 통제했다면 그 뒤엔 사람이 물리적인 힘을 써서 선로를 바꿨어요. 그러다가 전기적인 방법이 도입됐다가 이제는 전자장치로 조절을 하지요. 앞으로는 통신으로 통제할 거고요. KTX 같은 고속열차도 신호가 있어야 시속 300킬로미터씩 갈 수 있는 겁니다. 앞 열차가 어디 있는지 확인해서 거리가 멀어지면 속도를 올리고 가까워지면 속도를 줄이는 것도 다 신호가 하는 일이지요."

터널 안에 선로를 제어하는 기계가 있고 열차 안에도 신호를 받을 수 있는 설비가 있단다. 그 신호들을 총괄하는 기계실이 두세 역마다 있고. 그런 신호 설비들을 관리·점검하고 수리하는 일이 한창운을 비롯한 신호직들이 하는 일이었다.

뭔가 중요한 일 같긴 한데 감이 잘 안 와서 고개를 갸우뚱거리고 있는데 그가 사고 이야기를 했다. 사람이 하던 일을 기계가 대신하면서 편해지긴 했지만 사고가 나면 크게 난다는 것. 신호 시스템이 전자화되면서 전자회로 오류가 발생해 사망 사고로 이어진 해외 사례가 많단다. 예전에는 신호 설비에 이상이 있으면 빨간불이 들어와 무조건 열차가 멈췄지만 지금은 제어가 안 되는 경우가 있어서 대형 사고로 이어질 수 있다는 얘기다. 우리나라에서도 2014년 5월 서울지하철 2호선 상왕십리역으로 들어서던 열차가 멈춰 있던 열차를 들이받으면서 388명이 부상을 당하는 사고가 있었다. 당시 신호기 두 개가 고장 나 신호 시스템에 에러가 발생했던 걸로 조사됐다.

"신호만 믿고 가다가 사고가 날 수 있죠. 상왕십리역 사고 때는 기관사가 대처를 잘했어요. 제동을 걸고 비상제동까지 걸었지요. 시스템대로 그대로 운행했다면 정말 대형 사고가 났을 겁니다."

이제야 한창운이 왜 그리 자기 일에 자부심을 드러냈는지 알겠다. 하루 평균 800만 명가량 타고 내리는 서울지하철 이용객들의 안전과 직접 연결된 일이 그의 직업이었던 게다.

열차 끊긴 새벽, 지하에 머무는 사람들

이제 실제로 지하철 안전이 어떻게 지켜지고 있는지를 확인하러 가보자. 기계실에서 안전모를 받아들고 사람들과 함께 승강장으로 내려갔다. 승객이 모두 빠져나가 텅 빈 역은 소리에 두 배는 민감하다. 사람들이 저벅저벅 걸어가는 소리가 온 공간을 울린다. 그때 방송 소리가 들려왔다.

"01시 20분부로 단전했습니다."

전압 1만 5,000볼트를 레일로 넣어주던 전기를 끊은 것. 그제야 작업자들이 선로로 내려갈 수 있다. 승강장 끝에 있는 계단으로 내려섰다. 바닥에 깔린 자갈들을 밟으면서 레일을 넘어가야 해서 걷기가 쉽지 않은데 앞서 걷는 작업자들과 노조 간부들은 거침이 없다. 울퉁불퉁한 이 길이 너무나 익숙하다는 듯.

터널에 들어서니 따뜻한 기운이 몸을 감싼다. 눈이 내린 11월 말 추위가 전혀 느껴지지 않았다. 따뜻하다고 하자 한창운이 "지금은 이래도 여름에는 쪄 죽어요" 한다. 충분히 그럴 것 같다. 게다가 온도는 따뜻했지만 공기는 탁했다. 얇은 안개가 낀 듯 눈앞이 흐릿했다. 5호선만 하루 400번 넘게 오가는 꽉 막힌 공간이니 가라앉지 않은 먼지들이 공기 중에 떠돌고 있을 터였다. 한창운이 "그나마 저게 있어서 공기가 통해요" 하면서 천장을 가리켰다. 천장 한군데에 네모난 구멍이 뻥 뚫려 있었다. 바람이 통하는 자연 환기구인 셈. 단순해 보이는 터널 속에도 많은 장치들이 숨어 있었다.

터널로 내려오기 전, 노조 간부들이 작업환경 측정을 위해 작업자들에게 측정기를 달아줬다. 작업장에 분진이나 유해 물질들이 얼마나 되는지를 재서 법정 기준치를 초과하는 부분을 찾아내는 거다. 그런데 터널로 들어선 이들이 다 같은 팀인 줄 알았는데 아니었다. 한 무리는 레일 위에 머물렀고, 또 다른 무리는 모터카로 불리는 작은 열차를 탔다. 승강장 바로 앞 레일에서 천장에 뭔가를 매다는 무리도 있었다.

레일 위에 있던 신호팀은 선로전환기를 점검했다. 레일 방향을 바꿔주는 중요한 장치이기 때문에 매일 점검한다고. 부품을 교체하기 위해 작업자들이 엄청나게 큰 해머와 니퍼를 꺼내든다. 서로 손전등을 비추고 도구를 번갈아 잡으면서 손가락만 한 나사를 빼내고 망치질을 해댄다. '탕 탕 탕' 망치질 소리가 터널 벽에 부딪혀 더 큰 소리로 울린다.

모터카를 탄 팀은 전기 분야를 점검한다. 레일에 전기가 잘 통하는지 전차선을 돌면서 확인한다. 끊어진 전차선은 보수를 하기도 한다. 디젤로 움직이는 모터카가 매연을 내뿜으니 그렇지 않아도 탁한 터널 안이 더 뿌옇게 변한다. "매연 때문에 지금 배터리 차로 바꾸는 중입니다." 한창운의 설명에 그나마 마음이 놓였다. 전기 분야 점검이 끝나면 새벽 3시에 토목팀이 토목용 모터카를 타고 순회 점검에 나선다고 한다. 터널 안 자갈들과 레일을 평평하게 갈아주는 거다. 열차는 열차대로 차량팀이 점검하고 고장 난 부분을 수

리한다. 이렇게 다양한 분야의 전문가들이 '지하철 안전'만을 위해 일하고 있었다.

터널을 잠시 돌아본 뒤 승강장 쪽으로 돌아오는데 '치치직' 소리를 내며 피어오르는 용접 불꽃들이 보였다. 협력업체 직원들이 스크린도어 위 부품을 교체하는 작업을 하고 있는 중이었다. 열차는 운행을 멈췄지만 지하철 안은 여전히 바쁘게 움직이고 있었다. 열차 운행 전 살피고 손볼 일은 많고도 많았다. 야간 노동이 없으면 없을수록 좋다지만 지하철 같은 공공시설은 불가피하겠다 싶다.

"어쩔 수 없는 부분이 있지요. 대신 현장에서 안 자고 새벽에라도 집에 갈 수 있는 방법이 있으면 그렇게 하고 싶습니다. 지하에서 잔다는 것 자체가 유해 환경에 노출되는 것이니까요. 지하철은 환풍구가 도로 밖으로 나 있어서 미세먼지, 매연 들을 조금 걸러서 다시 역사로 빨아들이는 셈이거든요. 거기서 8시간씩 일하는 것도 힘든 일인데 잠까지 자니까 문제지요. 기술직들은 지상 사업소로 많이 빼고 있지만 1~8호선 합해 260여 개에 달하는 역을 관리하는 역무원들은 그럴 수 없는 상황입니다. 야간 담당을 최소화하는 방법을 모색하고 있습니다."

'안전한 지하철'에 역행하는 '24시간 지하철'

한창운의 답에서 피할 수 없는 상황을 개선하기 위한 노동자들의 고민이 엿보인다. 그런데 서울시가 이 어쩔 수 없는 상황을 더 악화시

킬 정책을 시행하려는 것 같다. 2017년 8월, 서울지하철 1~8호선을 관리하는 서울교통공사가 서울지하철 일부 노선을 24시간 연장 운행하는 방안을 검토하고 있다고 밝혔다. 영국 런던, 독일 베를린, 미국 뉴욕, 오스트리아 빈 등지에서 이미 24시간 지하철을 운행하고 있다는 정보도 덧붙였다. 이에 대해 한창운은 어떻게 생각할까?

"24시간 운행을 한다면 1~8호선 중 2호선, 그것도 일부 요일에나 가능할 겁니다. 사실 그조차도 말이 안 됩니다. 현장 점검이 제대로 안 돼서 안전이 위협받거든요. 2017년 6월 말에 서로 운영 주체가 달랐던 지하철 1~4호선과 5~8호선을 서울교통공사로 통합했습니다. 그때 서울시가 꼽은 통합하는 명분 첫 번째가 '안전한 지하철을 만들겠다'였습니다. 24시간 지하철은 '안전한 지하철'에 역행하는 겁니다."

한창운은 안전사고를 걱정했다. 주간에 안전 점검을 하던 1980년대에 사상 사고가 많이 났다는 얘기다. 실제 1992년 노동자가 낮에 선로 보수 작업을 하다가 열차에 치여 사망한 사건을 계기로 서울지하철은 운행을 종료한 뒤인 새벽 1시 30분부터 4시간 동안 전기와 신호 시스템 점검, 선로 보수 작업을 하는 것으로 바뀌었다.

"만약 24시간 지하철을 운행하면 다시 주간에 안전 점검을 해야 하는 상황이 될 텐데 안전사고가 날 수밖에 없지요. 철도가 사망 사고가 많은 건 새벽에 화물차들이 오가면서 24시간 운행하

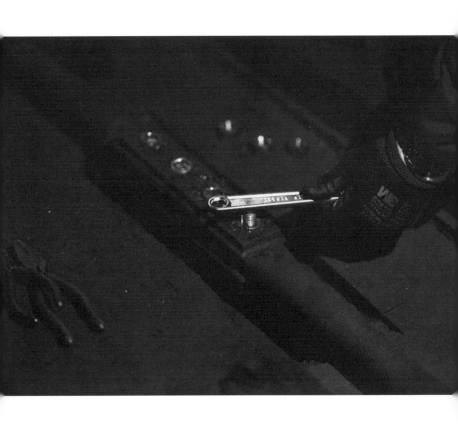

밤에 열차만 운행하지 않을 뿐
이미 서울지하철은 24시간 돌아가고 있다.
이처럼 24시간 움직이는 시스템에 맞춰 노동자들도
하루 24시간을 교대로 일하고 있다.

기 때문입니다."

　서울교통공사 정책 입안자들이 24시간 지하철 운행으로 얻는 경제 효과를 따지기에 앞서 노동자와 시민의 건강과 안전이 얼마나 위협받을지를 헤아릴 수 있길 바랄 뿐이다.

　밤에 열차만 운행하지 않을 뿐 새벽에 안전 점검을 하면서 이미 서울지하철은 24시간 돌아가고 있다. 이처럼 24시간 움직이는 서울지하철 시스템에 맞춰 노동자들도 하루 24시간을 교대로 일하고 있다. 한창운이 신호 체계의 발달사가 철도의 발달사라고 했는데 서울지하철의 교대 근무 변천사는 교대 근무 발달사를 한눈에 보여준다. 지하철 근무 체계가 바뀌면 경찰이나 소방서 교대 근무도 바뀌곤 했기 때문이다.

　1980년대까지 두 개 조가 24시간 맞교대로 일했던 서울지하철은 서울지하철노조가 1989년 4조 3교대 쟁취 투쟁을 한 뒤 근무 체계가 바뀐다. 10년 동안 유지됐던 4조 3교대는 2000년 들어 3조 2교대로 다시 나빠졌다. 오전 9시부터 오후 6시까지 주간 근무를 1주 한 뒤, 2주는 오후 6시부터 오전 9시까지 야간 근무를 하고 비번을 보내고 나서 다음 날 다시 오후 6시에 출근하는 야-비-야-비 생활을 이어가는 형태였다. 24시간씩 일하면서 쉬는 날도 쉬는 날 같지 않던 2교대 근무 때보다 나아지긴 했지만 이 역시 야간 근무가 주간 근무보다 많은 기형적인 구조였다. 2000년대 중반 3조 2교대는 다시 주간과 야간 이틀 뒤 비번과 휴무를 계속 반복하는 근무 체계로 바뀐다. 지하철 노동자들이 '주주야야비

'휴'라고 불렀던 이 근무 체계는 2016년 다시 바뀐다. 한창운이 그 과정을 설명했다.

"5~8호선은 열차를 모는 기관사들이 1인 승무를 하면서 공황장애가 심했습니다. 1~4호선은 지상에 있는 역도 좀 있는데 5~8호선은 모든 역이 지하에 있어요. 거기에 1인 승무를 하니 혼자서 2시간 넘게 앞이 안 보이는 지하터널을 지나가는 격이지요. 1~4호선에 비해 5~8호선 기관사들이 자살률도 높고 공황장애도 심하니까 서울시에서 최적근무위원회를 구성했습니다. 최적근무위원회가 2인 승무를 권고했지만 그건 인력 충원이 필요해서 쉽지 않으니까 다른 직종들 교대 근무를 개선하라고 함께 권고했습니다."

그 덕에 서울지하철은 현재 4조 2교대로 일하고 있다. 각 팀별로 인력을 4개조로 나눈 뒤 주-야-비-휴로 돌리는 근무 방식이다. 이전보다 야간 근무 일수가 줄었지만 인력 충원 없이 근무 체계를 바꾼 탓에 지하철 노동자들의 노동 강도는 더 세졌다. 전체 인원이 12명인 팀에서 한 조에 4명씩 하던 일을 3명이 하게 된 셈이니 야간 근무가 줄어도 몸이 개운해진 느낌을 받기 힘들다. 서울지하철노동조합은 계속 인력 충원을 요구하고 있다. 4조 2교대 근무 체계는 2년이 넘도록 시범 실시 중이다.

새벽 3시쯤 역 밖으로 나왔는데 바로 앞 인도에도 야간 노동을 하고 있는 사람이 있었다. 바로 실내포장마차 사장님이었다. 포차 사장님의 노동에 기대 우동 한 그릇을 먹으니 겨울밤 추위가 물

이전보다 야간 근무 일수가 줄었지만 인력 충원 없이
근무 체계를 바꾼 탓에 지하철 노동자들의 노동 강도는 더 세졌다.
서울지하철노동조합은 계속 인력 충원을 요구하고 있다.

러나고 가슴속이 따뜻함으로 가득 찼다. 포차 밖 세상은 몇 시간 전 눈으로 덮인 세상이 아니었다. 어느새 하얗던 눈은 다 사라지고 없었다. 하지만 지하철 노동자들의 노동은 사라지지 않았다. 포차 밑 지하에선 기술직 노동자들이 새벽 4시 30분까지 작업을 마치기 위해 부지런히 망치질을 하고 있었다. 당직을 서는 역무원 역시 5시 30분 첫차 운행을 앞두고 하루를 시작할 채비를 하고 있었다. 땀으로 가득 찬 지하철의 밤을 느끼니 지하철 첫차를 타고 집으로 돌아가는 길이 결코 힘겹지 않았다.

역무원은 무슨 일을 할까?

하루 800만 가까운 이들의 발을 자처하는 서울지하철엔 다양한 노동이 존재한다. 기술직들의 노동을 살짝 엿본 걸로 만족하지 못하고 며칠 뒤 한 역으로 찾아가 야간 근무 중인 김종학 씨를 만났다. 그는 서울지하철에서 25년 동안 역무원으로 일했다.

그러고 보니 지하철역을 자주 오가면서도 그곳에서 일하는 역무원이 실제 무슨 일을 하는지 생각해본 적은 없는 것 같다. 이들은 어떤 일을 할까?

"시민들이 지하철을 편히 이용하도록 하는 게 역무원들의 주 임무입니다. 역사를 관리하고, 엘리베이터, 에스컬레이터, 스크린도어 등 안전 관련 시설물을 챙기는 것도 중요한 업무이고요. 그밖에 승차권 구입 안내, 게이트 출입 문제 처리, 장애인 안내, 유실물 찾아주기, 역사 내 잡상인 단속 등을 합니다."

표 파는 일을 자동발매기가 대신한 뒤로도 역무원들이 하는 일은 많았다. 그런데 인원은 많이 줄어든 것 같다. 요즘은 역에 가도 역무원을 보지 못하는 때가 많다.

"우리 역은 1~4호선에서 수입금이나 수송 인원이 10위쯤 되는 1급지 역입니다. 하루 평균 11만 명 가까이 오고 갑니다. 그래서 인원이 많은 편이에요. 한 조에 4명씩 16명이 교대 근무를 하고, 낮 근무만 하는 역장님과 사무 전담 여직원을 합해서 총 18명이 일하고 있습니다. 결코 충분한 인원은 아니지요. 휴가자라도 있으면 3명이 일을 해야 하니까요. 다행히 우리 역은 열차 막차가 들어와서 머물다가 첫차로 나가는 주박지 역이어서 사회복무요원이 두 명씩 보조해주고 있어서 많은 도움을 받고 있습니다."

잠들지 못하는 밤

취재를 갔던 이날도 한 명이 휴가 중이었다. 커다란 역무실은 전화를 받고 분실물을 찾으러 온 민원인들을 상대하는 사회복무요원 한 명과 사업소와 전화 연락을 하고 여러 사무를 처리하는 직원 한 명이 지키고 있었다. 나머지 두 명은 역사로 나가 열차가 도착하면 쏟아져 들어오는 승객들을 응대하고 역사 내 여러 문제들도 처리하느라 바빠 보였다. 종학 씨는 좀 더 구체적으로 밤 근무 때면 어떻게 보내는지를 설명했다.

"오후 6시에 출근해서 오전 9시 10분에 퇴근을 하는데요. 역사에 있는 안내부스에서 1시간씩 교대로 근무를 합니다. 중간에

한꺼번에 나오는 사람들이 개찰구를 통과할 때
서울에 이렇게 사람이 많나 싶을 정도였다.
무섭게 쏟아져 나오는 사람들에 기함을 하고 있는데
그는 익숙한 듯 고객 응대를 해나갔다.

돌아가면서 한 명씩 식사를 하고 오고요. 역무실에 들어와서는 승차권 판매에 따른 수입금을 마감하고 앞서 얘기한 역무원들이 하는 일들을 합니다. 관제센터에서 어떤 시설물이 안 좋다고 연락이 오면 확인하러 가기도 하고요. 그러다가 막차가 0시 58분에 들어오면 손님들이 모두 내리도록 안내합니다. 막차엔 취객들이 많아서 안 내리려고 버티는 사람들 상대할 때면 난감하죠."

막차까지 보내면 이들에겐 자유시간이 주어질까? 업무 매뉴얼에는 새벽 2시에 씻고 들어가서 2시간 30분 동안 휴식을 취하는 걸로 돼 있다고 한다. 그런데 그 시간에 온전히 자는 사람이 거의 없다는 게 함정이다. 인간의 신체는 매뉴얼대로 움직이는 기계가 아니라는 것. 신체 리듬이 교대 근무 주기대로 팍팍 바뀌지 않으니 잠도 매뉴얼대로 바로 쏟아지지는 않는다.

게다가 휴식시간에도 한 명은 역무실에서 비상 상황에 대비해 당직을 서야 한다. 새벽 1시 반 이후에 선로에 들어가는 작업자들 인원과 장소까지 확인해 적어둔다. 작업자들이 나올 때도 그 인원이 맞는지 확인하면서 혹시 모를 안전사고를 예비한다. 이뿐만 아니라 역사 내 개방통로는 열차가 끊긴 뒤에도 잠그지 않기 때문에 새벽에 노숙자가 머물기도 하고 오가는 사람들도 있다. 그들이 다치거나 소란을 피우는 등 문제가 생기면 그 역시 역무원들이 처리한다. 휴식자에겐 짧고, 당직자에겐 긴 새벽이 그렇게 지나간다.

"휴식자들은 새벽 4시 30분에 일어나서 첫차를 맞을 준비를 하러 나오고, 당직자는 첫차를 함께 보낸 뒤 새벽 5시 40분쯤 들어가서 3시간 휴식을 취합니다. 우리 조는 한 명 있는 여직원이 한 달에 한 번 당직을 서고 나머지는 저랑 한 직원이 서로 돌아가면서 당직을 서고 있습니다."

시간을 따져봤다. 오후 6시에 출근한 야간 근무 당직자는 새벽 5시 40분까지 거의 12시간을 일하면서 밤을 꼬박 새우는 셈이었다. 그것도 주-야-비-휴로 돌아가는 교대 근무 주기에서 종학 씨는 야간 근무 두 번당 거의 한 번꼴로 당직을 서는 거였다. 몸이 버티는 게 용하다 싶었다. 수면장애는 안 겪는지 궁금했다.

"저는 어디서든 잘 자는 편이에요. 또 휴무날엔 꼭 등산이라 도 하려고 해서 잠을 못 자서 힘든 일은 별로 없는데 같이 당직을 서는 직원은 평소에 잠자기가 힘들다고 합니다. 또 같이 교대 근무 하는 부역장 님도 밤에 역무실 옆에 있는 작은 침상에서 쉬는데 계속 깨어 있습니다. 개방통로여서 대합실로 이동하는 소리가 다 들리고 어떤 사람들은 새벽에 셔터를 막 흔들고 지나가기도 하거든요. 소리에 민감해지면서 숙면을 취하기 힘들어 하시죠."

한밤 취객들의 폭행, 트라우마로 남아

역무실에서 이야기를 나누다가 교대 시간이 돼 역사에 있는 안내 부스로 자리를 옮겼다. 잠깐 사이에 계속 지하철 이용객들이 찾아왔다. 교통카드를 사기도 하고, 지하철 노선을 묻기도 했다. 분실물을 찾으러 온 사람은 역무실로 안내하기도 한다. 안내부스에 계속 앉아 있지는 못한다. 열차가 들어오는 시간에는 개찰구로 향한다. 한꺼번에 나오는 사람들이 개찰구를 통과할 때 이상이 있으면 바로 해결해주기 위해서다. 서울에 이렇게 사람이 많나 싶을 정도로 무섭게 쏟아져 나오는 사람들에 기함을 하고 있는데 그는 익숙한 듯 고객 응대를 해나갔다. 하루에 수만 명이 오가는 곳에서 일을 하니 그에 따른 어려움도 있을 것 같다.

"손님들 상대하는 게 힘들죠. 기대치가 다 다른 불특정 다수를 상대해 그 기대들을 맞춰주는 게 쉽진 않습니다. 밤에는 술에 취한 분들도 지하철을 많이 타서 폭행을 당하는 경우도 많고요. 얼마 전에도 여직원이 술 취한 대학생한테 맞는 사건이 벌어졌습니다. 다른 역에선 남직원이 손님한테 맞아서 코뼈가 주저앉기도 했고요. 그런 사건을 겪으면 직원들한테 트라우마로 남습니다."

내내 친절한 목소리로 조곤조곤 이야기를 하던 종학 씨가 이 대목에서는 강한 어조로 말을 이었다.

"저도 몇 번 맞은 적이 있는데 예전에는 신고도 잘 안 했습니다. 신고하면 밤늦게 경찰서 가서 조사받고 새벽에 돌아와서는 바로 상황 보고해서 올리고 다시 일을 해야 하니까요. 그냥 '오늘 재수 없었네' 하고 넘기고 말았죠. 그런데 요즘은 회사에서도 폭행 관련해서는 합의도 하지 말고 엄격하게 대응하라고 지시하고 있습니다. 감정노동으로 접근해 직원 보호 차원에서 고소·고발로 철저하게 바로잡으라는 입장이죠."

서울시는 2016년 1월 '서울시 감정노동 종사자 권리보호 등에 관한 조례'를 지자체 최초로 제정했다. 2018년 5월엔 '서울시 감정노동 보호 가이드라인'을 역시 지자체 최초로 제작·배포하기도 했다. 여기서 서울시는 감정노동을 "고객 응대 등의 과정에서 자신이 실제 느끼는 감정과는 다른 특정 감정을 표하도록 업무상, 조직상 요구되는 근로 형태"라고 규정했다. 그에 따라 감정노동자 보호지침도 마련했다. 먼저 모든 전화 민원 응대 내용을 녹음하도록 했다. 정신적·물질적 피해가 있을 경우엔 법적 구제도 지원한다.

지하철 노동자들 역시 대민 업무가 많아 감정노동에 에너지를 많이 쏟는다. 특히 늦은 밤 술 취한 승객들을 상대할 때면 여러 문제에 봉착한다. 24시간 지하철이 시행되면 어떻게 될까 의견을 물으니 종학 씨가 대답했다.

"막차에는 취객들이 많습니다. 조금 취했느냐 많이 취했느냐 정도 차이지 막차는 상당수가 음주 손님인 음주 열차입니다. 24시간 지하철을 하면 아마 더 많은 음주 열차가 생길 겁니다."

술집들 영업에 얼마나 도움이 될지 모르겠지만 그는 "국민들 건강을 위해서 24시간 지하철은 안 하는 게 좋겠다"는 의견을 밝혔다. 그러면서 음주에 따른 건강의 적신호보다 노동에 따른 건강의 적신호를 더 걱정했다.

"새벽 1시에 막차 타고 들어오는 사람들이 내릴 때 보면 우리 역사가 꽉 차요. 그분들이 집에 가서 씻고 누우면 새벽 2시가 넘을 거 아닙니까. 24시간 지하철을 하면 집에 가는 시간이 더 늦어지겠죠, 야근도 많아지고요. 내일을 위해 '저녁이 있는 삶'을 살

달빛 노동 찾기

그러고 보니 지하철역을 자주 오가면서도 그곳에서 일하는
역무원이 실제 무슨 일을 하는지 생각해본 적은 없는 것 같다.
이들은 어떤 일을 할까?

자고 하는데 그렇게 해서는 저녁이 있는 삶을 살 수 없지요. 국민들 건강도 해치고요."

24시간 지하철이 생기면 물론 지하철 노동자들의 건강 역시 위험해질 게다. 종학 씨는 밤 근무 1시간이 남기는 피로도를 이렇게 표현했다.

"평일하고 1시간 차이인데 연장 운행을 안 하는 토요일, 일요일에 근무할 때면 직원들이 '거저먹는 것 같다'고 말해요. 그만큼 심야에 근무시간이 1시간 늘어난 건 부담이 크죠. 밤 근무 때 1시간만 더 자도 아침에 일어나기 훨씬 가벼운 것과 반대로요."

"잠이라도 지상에서 잤으면⋯⋯"

역에 몇 시간 있었더니 목이 좀 따끔거렸다. 평소 편도선이 약한 나 같은 사람은 지하에서 일하면 힘들겠다는 생각이 들었다. 그는 어떤지 궁금했다.

"한동안 서울에서 안 살았어요. 입사하고 초창기에 역사 리모델링을 하면서 냉방 공사를 하는 역을 두 번 거쳤습니다. 석면 제거도 같이하는 공사였는데 지금은 3년 동안 조심스럽게 하는 공사를 그때는 6개월 만에 해치웠어요. 아침에 출근하면 공사 부분이 그대로 나와 있고 시커먼 솜 덩어리들이 막 떨어지기도 했지요. 그런데 방진 마스크도 안 주더라고요. 공사하는 분들도 마찬가지였고요. 아침에 일반 마스크를 하나 받아서 쓰면 퇴근할 때는 하얀색이 진회색으로 변해 있었죠. 그때 코가 망가졌습니다. 요리할 때

탄 냄새도 맡지 못할 정도로 심한 만성 비염에 시달렸어요. 고육지책으로 공기 맑은 경기도 이천으로 이사를 가서 6년 살았더니 비염이 나아지더군요. 출퇴근 시간은 2시간씩 걸렸지만…… 그런데 아이들 교육 문제로 다시 서울로 이사를 와서 근무를 하니까 비염이 그대로 재발했습니다."

앞서 만났던 한창운 씨가 "잠이라도 지하에서 안 잤으면 좋겠다"고 했던 까닭을 알겠다. 하지만 밤이라고 역을 비울 수 없는 현실이 엄연히 존재한다. 그래서 종학 씨는 쉬는 날이면 무조건 산에 간다고 했다. 지하에서 맡을 수 없는 맑은 공기가 그를 맞이하는 산으로.

25년차 역무원의 이야기를 이제 듣기 시작했건만 종학 씨를 더는 붙잡기 힘들었다. 막차 시간이 가까워질수록 개찰구를 빠져나오는 사람들이 너무 많아졌기 때문이다. 바쁘게 집으로 향하는 시민들의 안전한 귀가를 위해 종학 씨는 그를 찾는 승객들에게 달려가 그들의 말에 귀 기울였다. 바로 개찰구 문을 열어주기도 하고 에스컬레이터로 안내도 하면서 부지런히 몸을 움직였다. 그의 움직임에는 25년의 연륜이 쌓여 있었다.

철밥통 공무원?
매일 이직 꿈꾸며
버틴다

– 교정직 공무원 L씨

기록 정윤영

암막 커튼으로 둘러싸인 신혼집

'교도소' 하면 떠올리는 장면들이 있다. 교도소에 '신입'이 들어오면 수용자들은 신고식을 한다며 신입을 집단 폭행한다. 교도관은 그들의 신고식을 모른 채 눈감아준다. 또 감옥에 갇힌 범죄자이지만, 전화도 아무 때나 쓰고 외출도 마음대로 한다. 전화를 쓰고 교도소 밖을 드나드는 건 교도관이 묵인해준 덕분이다. 도움을 받은 수용자는 교도관에게 두툼한 봉투를 건네고, 교도관은 슬그머니 금고에 봉투를 넣어둔다.

교도소가 주 배경인 영화에는 늘 이런 장면들이 나온다. 사람들 머릿속에 새겨진 교도소의 모습은 영화나 드라마 속 이런 장면들과 별반 다르지 않다. 교도소라는 공간이 가진 폐쇄적인 성격 탓에 영화가 보여주는 장면 말고는 아는 게 없다. 그런데다 종종 영화에서나 볼 법한 장면들이 실제로 벌어질 때도 있다. 어디까지가 사실이고 어디까지가 허구인지 더 불분명해진다. 우리가 교도소나 교도관을 생각할 때 떠올리는 장면들은 과연 실제 교도소와 얼마나 비슷할까?

A교도소에서 일하는 교정직 공무원 L씨. 서른한 살의 그는 평범하고 안정된 삶을 늘 꿈꿔왔다. 그가 공무원이 되기로 결심한 것도 그 때문이었다. 공무원이 되면 연애하고 결혼을 해서 가정을 이루고 싶었다. 커다란 포부나 대단한 야망 따위는 품지 않았다. 안정된 직장을 갖고 좋은 사람과 단란하게 가정을 이뤄 평범하게 사는 게 목표였고, 국가 공무원으로서 보람을 느낀다면 그걸로 충분했다.

교정직 공무원이 되고 3년차가 될 즈음, 간호사와 연애하던 동료의 소개로 지금의 아내 K씨를 처음 만났다. L씨와 K씨뿐 아니라 교대 근무를 하는 간호사와 교도관, 간호사와 경찰 커플이 꽤 많다. 두 사람도 자주는 못 만났지만, 서로 삶의 패턴을 잘 아는 만큼 자연스럽게 친해졌고, 연애한 지 1년 만에 결혼했다.

결혼한 지 두 달 되었다는 L씨의 집은 누가 봐도 신혼집이었다. 벽에 걸어놓은 결혼식 사진과 서로에게 전하는 사랑의 말을 담은 액자, 커플 실내화와 예쁜 커플 찻잔. 사랑스럽고 평범한 이 신혼집에 다른 집과 조금 다른 게 하나 있다. 집 안 모든 창문에 빛한줄기도 들어오지 않을 것 같은 두툼한 암막 커튼이 걸려 있다는 것. 어둡고 두툼한 암막 커튼이 교대 근무하는 부부의 삶을 보여주는 듯했다.

야간 근무를 하는 날은 집에 오면 오전 11시가 넘는다. 암막 커튼을 치고 잠을 청해보지만 쉽게 잠들지 못한다. 아주 조용한 곳에 신혼집을 구하고 암막 커튼을 단 것도 모두 잠 때문이었지만, 밤낮이 바뀌고부터는 깊게 잠들어본 적이 없다. 항상 자다깨는 게 다반사다. 몇 시간 못 잔 탓인지 자고 일어나도 개운하지가 않다. 늘 신경이 날카롭다. 침대에서 뒤척이는 남편 모습에, 행여 휴대폰이 울릴까, 누가 초인종을 누를까 싶어 K씨도 덩달아 신경이 곤두선다.

L씨 집에서 교도소까지는 두 시간이 넘게 걸린다. 교도소는보통 외곽에 있기 때문이다. 버스를 타고 기차역으로 가서 기차를탄 뒤 다시 시내버스를 타고 가야 한다. 차로 가면 훨씬 빠르지만대개는 대중교통을 이용해 몇 번씩 차를 갈아탄다. 야간 근무를 하

는 L씨에게 운전은 위험하기 때문이다. 하루 종일 긴장했다가 운전대를 잡으면 졸음이 쏟아진다. 신호 대기에 걸려 멈추면 1, 2초 만에 잠들기도 하고 눈을 뜨고 자는 경우도 한두 번이 아니다. 한겨울에도 창문을 다 열어놓고, 졸지 않으려고 허벅지를 꼬집어가며 운전한다. 밤에 일하는 사람들은 모두 이렇게 졸음과 싸우며 일해야 한다. 조금이라도 빨리 집에 가서 자고 싶은 마음에 운전대를 잡을까 싶다가도, 아내가 걱정하는 마음을 잘 알기에 번거롭더라도 대중교통을 이용한다.

삶을 조각내는 야간 노동

교대 근무하는 신혼부부의 걱정거리는 졸음운전뿐이 아니다. 혹시나 자신 때문에 아이가 생기지 않으면 어떻게 하나 신경이 쓰인다. K씨가 일하는 병원에선 임신 순번제를 정했지만, 난임을 겪는 선배들이 많아 '언제 (임신)될지 모르니까 되는 사람부터 갖자'고 암묵적으로 약속하기도 한다. 난임으로 힘들어하는 선배들을 보면 K씨는 씁쓸하기만 하다. 남의 일이 아니기 때문이다.

교정 공무원 중에도 불임으로 고민하는 사람들이 많다. 그러나 불임보다 결혼을 못해 고민인 사람이 더 많다고 L씨는 말한다. 사람을 만날 시간도 없는 데다 교도관이라는 이미지가 좋지 않기 때문에 결혼을 하는 것만으로도 동료와 선배들에게 '대단하다'는 얘기를 듣는다. L씨처럼 '운이 좋아' 결혼했더라도 고민은 여전하다. 가족과 떨어져 사는 경우가 많고, 집이 가깝다 해도

달빛 노동 찾기

얼굴 보기가 쉽지가 않다. 가족뿐 아니라 모든 인간관계가 엉망이 되기 일쑤다.

두 사람이 1년간 연애를 할 때도 늘 L씨가 있는 곳에서 만났다. 결혼을 약속하고 식을 준비할 때도, 집을 알아보고 식장을 계약하고 혼수를 사는 것도 모두 K씨 몫이었다. K씨는 늘 아쉬워했고, L씨는 항상 미안했다. 불임일까 걱정이 되기도 하지만 그보다는 아내를 '만나는 날이라도 있었으면 좋겠다'는 바람이다. 그러나 그의 기대는 결혼을 한 후에도 쉬 이뤄지지 않았다.

힘들게 신혼집을 마련했지만, L씨가 집에 오는 건 한 달에 한두 번, 그는 틈이 나는 대로 집에 오지만, 집에 와도 같이 있는 시간은 길지 않다. 잠깐 잠들었다 깨어 같이 점심을 먹는 게 전부다. 오랜만에 만난 아내와 산책도 하고 싶고, 요새 유행이라는 영화도 보고 싶지만, 아내 얼굴을 보는 것도 쉽지 않은 일정을 생각하면 한숨밖에 나오지 않는다. 출근하는 L씨의 발걸음은 늘 무겁다.

K씨도 마음이 무겁기는 마찬가지다. 기운 없이 집을 나서는 남편을 보며 "힘내!"라고 웃어보지만, 무의미한 말일 뿐이었다. 잠 못 잔 얼굴로 출근하는 남편을 향해 잘 다녀오라고 이야기할 뿐, 더는 아무 말도 하지 않는다. 밤에 잠을 자고, 주말엔 여행을 가는 평범한 일상부터 아이를 낳는 인생의 특별한 순간들을 겪고 싶지만, 야간 노동이 삶을 망가뜨리고 가족 모두를 조각낸다고 두 사람은 느낀다.

한 달에 한 번 휴무, 감옥에 갇혀 일한다

두 시간 걸려 높고 커다란 벽에 둘러싸인 교도소에 도착한다. 교도소 보안중문을 지나갈 때마다 '지옥문이 열리는 것' 같다. 오래된 교도소 건물들은 무척이나 헐고 낡았다. 크게 갈라진 벽 사이를 기어 다니는 벌레들을 잡는 것도 그가 해야 하는 일 중 하나다.

'지옥문이 열리는 것' 같다고 느끼는 건 비단 노후한 건물이나 시설 때문만이 아니다. 윤번제라는 근무 시스템부터 폐쇄적인 분위기까지 교도소에서 일하는 교정직 공무원들은 '1970~1980년대에 일하고 있는 듯한 느낌'을 받는다. 교도소에 들어갈 때는 휴대전화와 같은 통신장비, 담배 따위를 가지고 들어갈 수 없는데 그건 교도관도 예외는 아니다. 2006년 '몰상식한 교도관 하나'가 재소자에게 휴대폰을 빌려준 사건이 언론에 보도된 이후 교도소 내 휴대전화 사용이 금지되었다.

유일하게 휴대폰을 볼 수 있는 시간은 점심시간. 교도관들은 허겁지겁 밥을 먹으며 휴대폰에서 눈을 떼지 못한다. 점심시간은 짧고 식판을 들고 선 교도관은 300명이나 된다. 휴대폰으로 교도소 밖 소식을 확인하며 점심을 먹는 시간은 실제 10~20분밖에 되지 않는다. 휴대전화를 금지하는 규정은 불편을 떠나 외부와 차단되어 갇혀 있다는 생각을 지울 수 없게 만든다. 쉬는 시간도, 쉬는 날도 거의 없다. 집보다 교도소에 있는 시간이 압도적으로 길다. 휴대전화까지 쓸 수 없는 상황을 떠올리면 '수용자와 같이 징역살이 한다'는 말이 괜한 말은 아니었다.

달빛 노동 찾기

교정 공무원은 크게 수용자를 관리·감독하는 일과 교정·교화하는 일을 담당한다. 사회복귀과는 수용자의 교정·교화를 돕고, 보안과는 질서 유지부터 수용자 상담과 접견 동행, 건강관리 등 수용자의 생활 전반을 살핀다.

그가 일하는 교도소에는 1,500여 명의 수용자가 있다. 교정 공무원은 모두 300여 명, 그중 보안과 업무를 하는 공무원 150여 명이다. 이들 중 사무직 공무원을 제외하면 수용자를 직접 마주하고 관리하는 사람은 몇 십 명에 불과하다. 교도관 한 명이 100명에 가까운 수용자를 관리하고 야간엔 그 숫자가 두 배로 늘어난다. 그가 속한 교도소만 그런 게 아니다. 교도소 수용률은 법적으로 정해져 있지만 법무부도 '지켜지는 곳은 아예 없다'고 얘기할 만큼 전국 52개 교도소 모두 사정이 비슷하다. L씨는 예산 문제 때문에 수용률을 못 지키는 걸로 알고 있다고 했다. 전국 교도소 수용률은 121퍼센트, 폭발 직전이다. 과부하에 걸린 교도소가 그럼에도 굴러가는 건 윤번제라는 근무제도 때문이다. 교도관들의 노동이 예산을 메우고 있었다.

교정직은 4부제 운영 방식을 택해 주간(오전 9시~오후 6시), 야간(오후 5시~오전 9시), 비번, 휴무 순서로 일한다. 그러나 일반적인 4부제와 달리 윤번이라는 제도를 도입해, 휴무일을 윤번일로 바꾸어 두 개 조가 돌아가며 쉬도록 만들었다. 그러니까 주간-야간-비번-주간, 다시 주간-야간-비번-휴무 순으로 돌아가는데, 경우에 따라서는 8일에 하루 쉴 때도 있다.

윤번제라는 '기형적 근무 시스템'이 생긴 건 일하는 사람이 턱없이 부족하기 때문인데, 그마저도 제대로 지켜지지 않아 한 달에 하루 쉴 때가 많다며 그는 한숨을 길게 내뱉었다.

"인력도 엄청 부족한 데다 윤번제로 돌아가는데 그게 제대로 돌아가지 않아요. 오래 일한 사람, 10년차 이상만 (윤번 일에) 쉬거든요. 10년차 미만은 쉴 수가 없어요. 대들었다가는 힘든 곳으로 배치받고요."

L씨는 출근시간을 전날 밤에 전화로 확인받는다. 내일 7시까지 출근하라는 전화를 밤 11시가 넘어서 받기도 한다. 근무표가 미리 나오면 좋겠는데 항상 출근 전날 알려준다. 이렇다 할 이유는 딱히 없다. 윤번제로 한 달에 한 번 쉬는 것도 힘든데 휴무일을 건너뛸 때도 많고, 쉬는 날에도 갑자기 출근해야 할 때가 있다. 출근시간마저 들쭉날쭉, 주임이 출근하랄 때 해야 하고 일하는 곳도 그날 그날 다르다. 출근하라는 전화가 언제 올지, 매일 어느 부서로 출근할지 알 수가 없어 불안하다. 그도 언젠가 한 번 주임의 전화를 못 받았다가 된통 혼난 뒤로는 휴대폰을 옆에 끼고 산다고 했다. 괜히 불만을 얘기했다가는 곧바로 근무하기 힘든 곳으로 배치되기도 한다. 잘못됐다는 걸 모두 알고 있지만 누구도 이야기하지 않는 건 이런 이유 때문이다.

휴가 역시 마음대로 쓰지 못한다. 경조사와 같은 아주 특별한 일이 있을 때나 휴가 신청을 하는데, 그마저도 반려될 때가 많다. 교도소마다 사정이 다르기는 하지만 같은 곳에서 일하는 L씨의 동료는 아버지가 위독해 연차를 냈다가 반려된 적도 있다. 일손이 없다는 게 이유라고는 하지만, 교도관들이 보기엔 '그냥 보안과장 마음대로'다. 휴가 역시 위에서부터 쓰기 때문에, 하급 공무원들 차례는 좀처럼 오지 않는다.

군대보다 못한 피라미드 시스템

교도소는 업무 배치와 출근시간을 관리하는 주임부터 연차를 관리하는 보안과장, 직책을 결정하는 총무과장이 관리직으로 있다. 5급 공무원인 보안과장이나 총무과장은 직원들 성과급과 직책을 결정하므로, 그들의 한마디는 절대적이다. 선임들에게 밉보였다가는 일이 고달파지기 때문에 상급자의 말을 거역할 수는 없다. 인원 부족보다 '피라미드 같은 시스템'이 더 큰 문제라며 그는 말을 이었다.

"교도소는 하급 직원들이 일의 90퍼센트를 해요. 인원이 충원되고는 있는데 문제는 일이 줄어들지 않는다는 거예요. 인원이 충원되면 윗사람들이 자기 일을 쪼개요. 그러니까 충원이 돼도 항상 사람이 부족할 수밖에 없어요. 밑 빠진 독에 물 붓는 느낌이에요. 교도소는 야간 업무가 필요한 일이니까 어쩔 수 없다 해도 일을 나누면 덜 힘들 수 있는데 하급 직원한테만 몰려요. 밑에 직원은 죽어가고 있는데 자기들 편한 걸 바꾸려고 하지 않죠."

강압적이고 폐쇄적인 분위기에 상급자는 하급 직원에게 일을 몰아주고, 하급 교도관들은 잠 잘 시간, 쉴 시간을 상급자에게

끌어다 바치는 꼴이 되었다. 그런데도 교도소 안에서 벌어지는 일들은 하급 공무원 책임이다. 상급 관리자의 실수도 하급 공무원이 책임지는 일이 허다하다며 조심스럽게 입을 연 그는 말하면서 화가 났는지 목소리를 높였다.

"보통 일은 하급 공무원이 많이 해도 책임은 상급자가 지잖아요. 여긴 일도 하급 공무원이 하고 책임까지 져야 해요. 상급자가 실수하는 경우도 있는데 9급 공무원이 한 것처럼 기사가 나가요. 일단 일이 터지면 다 9급 탓을 해요. 적폐 덩어리죠. 적폐 그 자체예요."

'군대보다 못한 피라미드 시스템'에 익숙해지기도 하지만 견디지 못하고 그만두는 교도관이 많다. 교도관들 모두 이대로는 안 된다는 문제의식을 갖고 있지만 누구도 곪은 상처를 터뜨리지는 못한다. 법무부 안에도 교도관 근로 실태를 지적하며 개선을 요구하는 목소리가 없지 않지만 크게 변하는 것은 없다.

그는 지강헌 사건을 종종 떠올린다고 했다. 그 사건 이후로 2교대에서 3교대로 바뀌었기 때문이다. 지강헌 사건처럼 일이 터지고 언론에 기사가 나야 변화가 조금이라도 생기지 않을까 하는 생각에 교도관들은 '또 사고 한 번 터져야 한다'며 자조 섞인 넋두리를 한다.

영화 속 교도소는 모두 판타지

1988년 지강헌 사건이 터지자 전국이 뒤집어졌다. 지강헌과 함께 이동 중이던 수용자 12명이 이송버스를 탈취한 뒤 인질극을 벌였다. 잡범이지만 힘없고 '빽'이 없단 이유로 70억을 횡령한 전경환보다 형이 긴 것에 지강헌은 불만을 품고 탈옥한 것이다. 인질극을 벌인 탈옥수들이 사살되거나 자살하면서 사건은 마무리됐지만 여파는 오래갔다. 지강헌이 외친 '무전유죄 유전무죄'라는 말은 유행어가 되어 이후 영화로도 만들어졌다. 언론은 지강헌의 절규를 전달하며 우리 사회가 공정한지를 물었고, 여론은 그에 공감했다.

이 탈옥 사건으로 뭇매를 맞은 건 교도관들이었다. 언론에선 가난한 수용자들을 함부로 다루고 재벌들에겐 뒷돈을 받아가며 그들 편의를 봐주는 비리 교도관, 수용자 12명이 탈옥할 때까지 아무런 손도 쓰지 못하고 총까지 뺏긴 무능력한 교도관의 모습에 주목했다. 수용자를 이송하는 호송 교도관의 목소리를 전달하는 언론은 없었다.

당시 교도관의 근무제는 2부제였고, 그날 호송 교도관들은 36시간 동안 잠을 못 잔 상태에서 곧바로 이송 업무를 나갔다가 일이 터진 것이다. 지강헌 사건이 있은 후 교정본부도 2부제의 문제를 절감하고 3부제로 바꾸었지만, 그 사실을 전달한 언론은 없었다. L씨는 지강헌 사건뿐 아니라 언론에서 보여주는 교도소는 '판타지'라며 실상과 완전히 다르다고 설명했다.

"매체와 절대 인터뷰하지 말라고 교육을 받아요. 교도관이나 교도소가 어떤지 말할 기회가 전혀 없어요. 그나마 볼 수 있는 게 영화나 드라마인데 절대 있을 수 없고 말도 안 되는 내용이 많아요. 항상 비리를 저지르거나 수용자를 괴롭히는 모습으로 비춰

지니까 교도관을 보는 시선이 부정적이죠. 그런데 사실은 그와 정반대거든요."

보안과의 여러 업무 가운데 언론에 가장 많이 알려진 건 수용동 근무와 수용자 상담이다. 보안과 업무의 상당 부분을 차지하기도 하지만 교도관들이 가장 힘들어하는 일이기도 하다. 수용자 상담은 흥분해 있거나 문제를 일으키는 수용자를 대상으로 하는 일인데, 단순히 수용자의 이야기를 들어주고 도움이 될 만한 말을 해주면 그만인 일이 아니다. 욕설은 기본, 교도관에게 물을 뿌리고 발로 차며 협박하는 수용자를 진정시켜야 한다. 건전지 껍질을 벗겨 칼처럼 날카롭게 만든 뒤 교도관을 협박하고 대변을 교도관에게 던지는 일도 허다하다. 수용자에게 맞아 안경이 깨져도 수갑을 채우는 것 말고는 제재할 방법이 없는데, 그마저도 쉽지가 않다. 수갑을 채우면 억울하다는 이유로 인권위에 진정서를 보내고 교도관을 고소해버리기 때문이다.

수용자 중에는 고소와 취하를 반복하며 교도관을 '못 살게' 구는 사람도 있다. 협박 편지를 보내기도 한다. 무기명으로 오는 편지는 '출소하고 보자'는 내용이 대부분이다. 교도관들은 수용자들의 폭력과 조롱, 협박에 시달리며 일하지만, 그들을 보호해주는 건 아무것도 없다. 재소자의 인권 문제가 종종 언론에 노출되고 인권을 보호하는 단체는 여럿 있는데, 교도관 인권 문제를 지적하거나 보호해주는 곳은 없다는 게 그의 솔직한 심정이다. 교도관의 열악한 노동환경을 하소연하는 게 수용자의 권리와 대립되는 것처럼 보이면 어쩌나 우려되기도 있지만 수용자의 협박에 자괴감이 드는 건 어쩔 수가 없다. 그런 교도관을 대상으로 하는 치료 프로그램들이 최근 들어 생기기도 했지만, 실제로 도움이 되지 않는다는 게 L씨 의견이다.

"코 걸린다고 하거든요. 교도관이 실수하면 수용자가 꼬투리 잡아요. 책잡히지 않으려고 엄청 신경을 써요. 처음에는 열심히 교화하겠다는 마음으로 시작하지만 나중에는 어떻게든 방어적인 근무를 하게 돼요. 그렇다보니 교정·교화는 뒷전이고 내 근무시간에만 일이 안 터지기를 바라게 되죠."

미치거나 혹은 자살하거나

L씨는 교도소에 있는 수용자를 관리하는 일이 쉬울 거라는 생각은 애초부터 하지 않았지만 이렇게 '자괴감이 드는 일'일 거라고는 전혀 생각하지 못했다. 몸은 힘들어도 경찰이나 소방관들처럼 국가공무원으로서 자부심과 보람이 있을 거라 기대했다. 수용자들에게 발로 차이는 게 일상이 돼버린 이후로 그런 기대감은 사라졌다.

교도소는 끊임없이 사건과 사고가 벌어지는 곳이라 긴장을 늦출 수가 없다. '환자가 생겼다' '싸움이 벌어졌다' '수용자가 자살 시도를 했다', 무전기는 쉴 새 없이 울려대고 교도관들은 언제든 달려 나갈 준비를 해야 한다. '일이 터지면' 모든 책임을 담당 교도관이 져야 하기에 야간 근무 때 긴장 상태는 절정에 달한다.

사고는 언제 어디서든 생기기 마련이고, 심야에는 교도관 한 명이 수용자 200명 이상을 관리할 때도 적지 않기 때문이다. 그리고 이런 '불가능한 일'은 주로 하급 공무원의 몫이다.

밤에 혼자 수용동을 돌며 순찰할 때는 '몸은 뻣뻣하고 마음은 공허'해진다. 늘 긴장해 있는 데다 제대로 잠을 못 자 몽롱한 상태이다. 수용소 안은 불빛마저 희미하다. 교도관들은 '정신병원에 갇힌 느낌'에 우울을 떨칠 수가 없다. L씨는 오래 일한 선배들 중에 정신질환을 안 겪는 사람이 없다고 했다. 처음 본 L씨의 표정 역시 어둡고 우울했던 게 떠올랐다.

"오래 일한 선배들은 어떻게 버텼는지 모르겠어요. 다들 그 나이로 안 보여요. 50대 선배인데 70대 할아버지로 보여요. 자살하는 교도관도 많고 근무하다 심장마비로 사망하는 교도관도 있어요. 퇴직하고 얼마 안 지나 돌아가시는 경우도 많고요. 일 때문에도 스트레스 받지만 미래가 빤히 보이니까 더 스트레스 받아요."

말하는 것만으로도 지친다던 L씨에게 어떻게 스트레스를 푸냐고 묻자 한참 동안 답하지 못했다. 그러고는 '이직하는 수밖에 없다'고 나직이 말했다. 5년 전 L씨가 교도소에 처음 출근하고 가장 많이 들은 말은 '빨리 이직하라'는 말이었다. 처음엔 선배들이 왜 그런 말을 하는지 이해할 수 없었다. 사기 꺾이는 말에 선배들이 야속하기도 했다. 지금은 L씨도 후배들에게 똑같은 조언을 한다. L씨 입사 동기 중 절반은 이미 이직했고 그 역시 이직을 준비

"오래 일한 선배들은 어떻게 버텼는지 모르겠어요.
다들 그 나이로 안 보여요. 50대 선배인데 70대 할아버지로 보여요.
자살하는 교도관도 많고 근무하다 심장마비로
사망하는 교도관도 있어요."

한다.

L씨는 법무부 소속 교정직 공무원이지만, 자신을 '공무원'이라고 얘기하는 게 영 어색하다. 사람들은 '공무원은 철밥통'이라고 생각한다. 그 역시 공무원 시험을 준비할 때만 해도 평생직장이라 생각했다. 그러나 그 어떤 교도관도 자신을 '철밥통'이라 생각하지 않는다. 언제 잘릴까 불안한 대신 언제 떠날 수 있을까 불안하다. '공무원이라는 타이틀에 속아서 들어온 것 같다'는 생각만 자꾸 들었다.

일하면서 좋은 점은 없냐고 묻자, L씨는 주저하지 않고 '성찰의 시간을 많이 갖는다'며 웃었다. 성찰이라는 단어가 주는 진지함이 낯설기도 하고, 평범하게 살고 싶어 공무원이 됐는데 누구보다 '특별하게 살고 있다'는 역설이 어이없어 터지고 만 웃음이었다. 그 웃음엔 일터를 떠날 수밖에 없다는 속상함이 묻어 있기도 했다. 희망이 없다는 사실을 또다시 확인해야 할 때의 허탈함도 느껴졌다.

"여기 와서 인생의 고민을 많이 하게 됐어요. 이렇게 사는 게 행복한 게 아닌데…… 사실 계속 일하고 싶어요. 그런데 정상적이고 평범한 생활을 하려면 스스로 떠나는 게 빠르니까. 혼자 이 시스템을 바꿀 수는 없잖아요."

"해답은 이직뿐"

인터뷰를 위해 L씨를 만난 건 기차역에서였다. 사람들 틈으로 걸어오는 그는 지쳐 보였고 눈빛은 초점을 잃은 듯했으며 얼굴은 굳어 있었다. 아내를 보자 그제야 안심이 되는 듯 입꼬리가 살짝 올라갔다. 둘은 보름 만에 만나는 거라고 했다. 보자마자 두 사람은 손을 꼭 잡았다. 서로 맞잡은 손은 아내가 운전을 해서 집으로 이동하는 중에도, 인터뷰를 하는 동안에도 놓지 않았다.

인터뷰를 하자고 부추긴 건 L씨의 아내였다. 언론에 소방관과 경찰관의 열악한 노동환경이 나오는 걸 보며 그녀는 속이 상했다. 남편 애기도 교도관의 현실도 언론에 알려지고, 그럼 말도 안 되는 교도관의 삶이 조금 나아지지 않을까 싶었다고 했다. 이건 결혼 생활이라고 볼 수 없고, 평생 이렇게 살고 싶지는 않다고 말할 때 아내는 눈물을 보였다. L씨는 말없이 고개를 푹 떨구었다.

L씨가 들려준 교도소 일상, 교도관들 노동은 처음부터 끝까지 우울했고 하나부터 열까지 미래가 보이지 않는 삶이었다. 그가 여러 번 애기한 것처럼 교도소는 판타지 세계였다. 드라마가 보여주는 교도소가 완전한 허구라는 점에서, 그리고 그가 하는 일들이 불가능한 현실처럼 느껴진다는 점에서도 그렇다.

그의 삶에는 판타지가 하나 더 있다. 아내와 함께 밥을 지어 먹고, 저녁에는 한가롭게 동네 산책을 하거나 텔레비전을 보다 같이 잠드는 것. 주말이 되면 극장에도 가고 1박 2일로 캠핑을 가는 것. 주변에서 흔하게 볼 수 있는 그다지 특별할 것 없는 평범한 일상이 두 사람에게는 판타지에 가깝다. 교도소가 판타지 세계에서 벗어나지 않는 한, L씨는 계속 불가능한 삶을 꿈꿀 수밖에 없을 것이다. 지금 두 사람은 이직만을 기다리고 있다.

노동자의 밤잠이 일으킨 효과

– 단체급식 조리원 박정연 씨

기록 신정임

가을의 끝자락이긴 해도 정연을 만난 건 밝은 햇살 아래서였다. 야간 노동을 취재하기엔 좀 이른 시간인 낮 2시, 정연은 집을 나서 경기도 화성에 있는 일터로 바삐 차를 몰았다. 자동차를 만드는 노동자들의 삼시 세끼를 책임지는 게 정연이 하는 일이다. 기아자동차 화성공장에 있는 식당 중 한 곳에서 조리원으로 일하고 있다.

"오늘 바빴어요. 아침에 은행 다녀오고 일 좀 봤죠."

은행에 간 게 무슨 큰일인가 싶지만 두세 달 전까지만 해도 정연에겐 꿈꾸기 쉽지 않은 큰일이었다. 야간 근무를 하는 주면 저녁 6시에 출근해 아침 7시에 퇴근한다. 집에 도착하면 9시가 다 돼 있다. 그러고는 밀린 청소며 빨래를 하고, 못 잔 잠을 보충하려고 침대에 누우면 이미 시계 바늘은 낮으로 넘어가 있다. 창으로 쏟아지는 햇볕을 어떻게든 막아보면서 잠을 청하지만 깊은 잠에 빠져들지는 못한다. 계속 몸을 뒤척이다가 잠을 잤나 싶게 찌뿌드드한 몸을 일으키면 어느새 다시 출근할 시간. 은행 업무 같은 '특별한' 일을 하려면 몸과 마음을 내어 애를 써야 했다. 그랬던 생활이 한순간에 바뀌었다. 인터뷰를 하기 위해 만났을 때 정연은 말했다.

"예전 같으면 낮에 이렇게 초롱초롱한 채로 밖에 못 돌아다녔어요. 햇볕 한 번 못 본 병아리마냥 계속 베개 붙들고 누워 있으려고만 했지."

그날도 야간 근무에 해당하는 2조 근무였다. 2017년 초가을부터 정연은 2조 근무 때면 오후 3시 30분까지 출근하고 있다.

잠깐 옛이야기들을 하다 보니 어느새 차는 화성공장에 도착했다. 능숙하게 주차를 한 정연이 식당 홀을 지나 구석에 있는 화장실 옆 계단을 올라갔다. 그러자 길쭉한 방 하나가 나타났다. 양쪽 벽면으로 개인

사물함들이 놓여 있고 공중에 걸린 빨랫줄에는 조리복과 수건들이 널려 있다. 옆에 딸린 쪽방을 보니 세탁기도 있다. 정연과 열 명 남짓한 동료들이 개인에서 조리사로 탈바꿈하는 공간이다.

정연이 자기 이름이 쓰인 사물함에서 하얀 조리복을 꺼내 입고, 길게 내려뜨렸던 머리를 하나로 묶어 하얀 위생모 속으로 집어넣는다. 걸걸한 목소리로 자기 이야기를 전하던 중년 여성 박정연은 온데간데없고 베테랑 조리사가 내 앞에 서 있다. 낯설면서도 당당함이 느껴진다. 먼저 와서 벌써 머리부터 다리까지 하얀색으로 뒤덮은 동료들이 안부를 묻고 소소한 이야기를 나눈다. 한 사람이 모두에게 떡을 돌리고 또 다른 이는 귤을 챙겨준다. 오가는 정(情)에서 이들이 쌓아온 세월을 엿본다. 정연이 이곳에서 일한 지도 벌써 10년이 넘었다.

조리사들이 만들어내는 하모니

2007년, 정연은 기아차 화성공장이 현대그린푸드에 위탁한 식당에 입사했다. 옷 장사를 하다 점포를 접고 살길이 막막할 때였다. 마침 친정이 화성공장 근처에 있어서 식당에서 일할 사람을 찾는다는 정보를 쉽게 접했다. '사장님' 소리 들어가며 직원을 부리던 처지에서 부림을 당하는 위치로 바뀌는 게 걱정도 됐다. 워낙 사람들과 허물없이 지내는 편이니 잘 적응할 거라 봤다. 기대하는 면도 있었다. 주말에도 일하던 자영업에서 벗어났으니 이제는 남들처럼 '빨간 날'에 쉴 수 있겠구나 싶었다. 기아차라니, 명색이 대기업 아닌가. 하지만 현실은 전혀 달랐다. 도로에 왜 그렇게 차가 많나 했더니 다 공장 노동자들이 밤낮없이 만들어내는 차라는 걸 그때 알았다. 오히려 장사할 때보다 일하는 날이 더 많았다.

당시 기아자동차는 격주 주·야간 맞교대 근무를 했다. 한 주는 주간에 일하고, 한 주는 야간에 일하는 식으로 쳇바퀴 도는 생활이었다. 2만 명이 넘는 공장 노동자들의 밥상을 담당하고 있는 220여 명의 식당 노동자들도 똑같이 격주 맞교대로 일을 했다. 주간일 때는 10시간, 야간일 때는 12시간. 주말에도 특근이 많았다. 청소·경비 등 24시간 비상 대기하는 직원들을 위해 일요일에도 출근했다. 지난 10년 동안 정연이 출근하지 않은 날은 1년 중 열 손가락을 꼽을 정도다. 일한 날 중 절반은 밤중에 일을 했으니 몸이 온전할 리 없다.

"잠을 제대로 못 자니까 몸에 무리가 많이 가죠. 한번은 잠도 잘 안 오고 목소리가 거의 안 나와서 병원까지 찾아갔어요. 의사 선생님이 대뜸 '어떤 근무를 하세요?'라고 묻더라고요. 주·야간 교대 근무를 한다니까 그 때문이라고 하더군요. 이명이 생긴 지도 꽤 됐고요. 저뿐만 아니라 10년 넘게 일한 직원들 중엔 귀가 멍하게 울리는 사람들이 많아요."

정연이 일하는 현장은 어떤 모습일까. 백 번 듣는 것보다 한 번 보는 게 낫다고, 그를 따라 조리실로 내려갔다. 정연이 건넨 위생모, 위생복, 위생화로 무장하니 움직임이 둔해진다. 물기가 있어서 미끄러지면 대책이 없을 것 같은 바닥을 보면서 어기

"한번은 잠도 잘 안 오고 목소리가
거의 안 나와서 병원까지 찾아갔어요. 의사 선생님이 대뜸
'어떤 근무를 하세요?'라고 묻더라고요.
주·야간 교대 근무를 한다니까 그 때문이라고 하더군요."

적어기적 걸었다. 그 옆을 고무장갑을 끼고 위생복에 발목까지 내려오는 앞치마까지 동여맨 조리원들이 쌩쌩 지나쳐 자기 자리를 찾아간다. 그들에겐 미끄러운 것보다는 빨리 밥을 하는 게 중한가 보다.

오늘 2조 중식 메뉴는 현미밥, 파채쇠고기영양탕, 크런치까스+타르소스, 모듬어묵피망볶음, 부추무침이다. 재료 다듬기, 쌀 씻기, 반찬하기, 국 끓이기 등 평소 집에서 식사를 준비하던 과정을 닮긴 닮았는데 양이 엄청나다. 재료들 대부분은 김장할 때 쓰는 크기의 대야에 담아낸다. 메뉴 세 개에 들어가는 당근만 백 개 남짓, 곧 담당자가 다양한 크기로 잘라낸다. 파채쇠고기영양탕에 들어가는 파도 열 단 가까이 된다. 그걸 일일이 손으로 채를 썬다. 한 사람이 20분째 파만 썰었는데 아직 3분의 1밖에 하지 못했다. 다른 테이블에서 재료를 다듬던 정연이 슬쩍 다가와 칼을 건네받는다. 몇 번 쓱싹 하더니 "칼날이 안 좋네" 하면서 칼갈이에 칼을 간 뒤 다시 칼질을 한다. 칼날이 쓱싹쓱싹 부드럽게 파 위를 오간다. 누군가 "파 가는 기계 있었으면 좋겠다"고 하니 다른 조리사들이 "그러다가 음식에 쇳가루 들어가면 어떡해?"라며 생각도 말라는 듯 말을 받는다.

누구는 씻고, 누구는 닦고, 누구는 썬다. 서로 손이 착착 맞는다. 조용함 속에서 물 흐르듯 이어지는 준비 과정에서 엄숙함마저 느껴졌다. 잡담 한마디 들리지 않았다. 아름다운 음악을 듣는 듯 조리원들이 만들어내는 하모니를 넋 놓고 지켜봤다. 어느 과정하나 쉬워 보이진 않았지만 이들이 하나로 움직이니 조금씩 음식 꼴이 갖춰졌다.

물과 불, 칼, 위험한 조리실

이명은 왜 생길까 궁금하던 찰나 정연이 볶음기계를 켰다. 땅이 흔들릴 듯한 '칙~' 소리와 함께 김이 나오면서 사방으로 흩어진다. 옆에선 크런치까스를 튀긴다. 고기 수십 개가 튀겨지는 소리도 만만치 않다. 하나만도 귀가 얼얼한데 한꺼번에 두세 개가 요리되니 꼭 오랫동안 이어폰을 끼고 난 뒤의 답답함이 느껴진다. 이런 날이 몇 년씩 이어지면 청각이 어찌 될지 쉽게 짐작할 수 있다. 그뿐 아니라 위험은 곳곳에 도사리고 있었다. 볶음기계가 얼마나 큰지 어른이 들어가 앉아도 넉넉하겠다. 튀김기도 마찬가지, '정말 크다'는 감탄이 절로 나온다. 기름이 듬뿍 담긴 튀김기를 보는 것만으로도 겁이 났다. 멀찍이 떨어져 있는데도 기름이 튈 때마다 흠칫거렸다. 민망하게도 옆 조리원은 튀김기에 고개를 들이밀고 거침없이 휘젓고 있었다.

조리 과정을 보니 오기 전에 찾아봤던 조리실 사고들이 이해됐다. 2014년 서울 한 초등학교에서 일하던 조리원이 사망하는 사고가 있었다. 설거지를 하려고 뜨거운 물을 받아둔 고무통(가로 170센티미터 높이 40센티미터)에 빠져 화상을 입은 조리원은 치료 과정에서 결국 목숨을 잃었다. 위, 아래, 옆 곳곳에 조리기구들이 튀어나와 있는 좁은 조리실에서 적은 인원이 빠른 시간 안에 수백

명에서 수천 명분 음식을 해야 하니 언제든 큰 사고로 이어질 수 있겠다 싶었다.

알려진 급식 조리원 사망 사건은 더 있다. 2018년 4월 경기도의 한 중학교에서 10년 동안 일한 한 급식 조리원이 폐암으로 숨졌다. 그런데 이 학교에선 2016년부터 조리사들이 연이어 이상 증세를 보였다. 2016년 6월 두 조리원이 구토 증상으로 통원·입원 치료를 받았고, 2017년 5월엔 또 다른 조리원이 뇌출혈로 쓰러져 1년 가까이 뇌경색과 오른쪽 전신 마비 후유증을 겪고 있다. 이 학교 급식 조리실에 있던, 공기를 조절해주는 공조기와 후드가 낡다 못해 1년 넘게 고장 난 상태였던 것으로 조사됐다. 2009년엔 대구에서 학교 급식 조리원이 식재료를 옮기다가 계단에서 굴러떨어져 뇌출혈로 숨졌고, 2007년엔 광주에서 학교 급식 조리원이 조리 중 이동하다가 미끄러져 급식실 중앙 기둥에 머리를 부딪힌 뒤 숨진 사건도 있었다.

학교 급식 조리실이 단체급식 조리실 중 유독 큰 사고가 많은 건 아니다. 그나마 학교 급식 조리원 중엔 전국학교비정규직노동조합에 가입한 사람들이 있어서 산재사고가 밖으로 알려지기라도 하는 것이다. 일반 단체급식 현장에선 사고가 나도 산재 처리는커녕 쉬쉬하는 경우가 많다. 물과 불, 칼을 함께 쓰는 곳이 바로 조리실이니 사고 위험이 클 수밖에 없다. 조리원들은 몸도 많이 고되다.

취재를 하러 간 날도 조리원 13명이 일반식 260인분, 분식

70인분을 준비하면서도 다음 날 조식 재료 다듬기까지 해야 했다. 서로 말 한마디 나누기 힘들 정도로 쉴 틈 없이 저마다 손과 발을 바삐 움직였는데 조리원들은 하나같이 "오늘은 일이 별로 없는 날"이라고 입을 모았다. 재료에 손이 많이 가는 메뉴가 있는 날에는 정말 발바닥에 땀이 나도록 몸을 움직여야 한단다.

언젠가 인터뷰했던 학교 급식 조리원이 해준 말이 떠올랐다. "도대체 내가 조리실에서 얼마나 걷나 궁금해서 하루는 만보기를 달고 일을 했어요. 그날만 1만 3,000보가 나오더라고요." 그래도 학교는 카레 같은 메뉴가 있는 날엔 적당히 잘린 야채를 받기도 한다. 그러나 정연이 일하는 식당에선 감자, 당근 같은 야채들을 하나하나 다 씻고 까서 자른다. 이날 파채를 만들기 위해 일일이 칼로 파를 잘랐듯이.

"학교는 점심 한 끼만 만들잖아요. 야채를 까는 인력을 더 쓰느니 돈을 좀 더 쓰는 거죠. 잘라서 오는 야채가 더 비싸거든요. 반면 우리는 세 끼를 준비하니까 인력을 투입하는 거고요."

정연이 나름대로 학교와 회사가 다른 이유를 분석했다. 그런데 기아차 화성공장에는 20명이 안 되는 조리원이 2,800명분 음식을 준비하는 식당도 있다. 인력이 결코 풍부하지도 않다는 말이다.

근골격계 질환 역시 조리원들에겐 친숙한(?) 직업병이다. 볶음기계에서 야채를 뒤적이는 데 삽을 사용했다. 그것도 야채들 무게가 너무 나가니 여성 조리원이 밥 담당인 유일한 남성 조리원에게 잠깐 부탁한다. 어마어마한 크기인 국 조리기구에서 배식대로

서로 말 한마디 나누기 힘들 정도로 쉴 틈 없이 저마다
손과 발을 바삐 움직였는데 조리원들은 하나같이 "오늘은 일이
별로 없는 날"이라고 입을 모았다.

나갈 국통으로 국을 떠서 옮겨 담을 때도 국자가 아니라 양동이를 썼다. 팔에 무리가 안 갈 수가 없다.

다른 조리원들이 반찬을 만드는 내내 한 여성 조리원과 청일점 조리원은 계속 쌀을 씻어서 밥솥에 담은 뒤 밥하는 기계에 넣고 다 된 밥을 꺼내는 일을 반복했다. 그들이 채워넣은 밥솥이 어림해 15개쯤 됐다. 정연이 분명한 어조로 말했다.

"회사도 근골격계 문제가 많이 생기니까 개선을 많이 했어요. 10년 전엔 남 조리원도 없었거든. 근데 근골계 질환이 특히 밥할 때 많이 일어난다는 걸 알고서 몇 년 전부터는 남 조리원들을 채용했어요. 또 쌀도 예전엔 20킬로그램 포대를 받았는데 지금은 10킬로그램 포대를 받아요. 한 솥에 넣는 쌀도 네 바가지에서 세 바가지로 줄였고요. 밥솥도 예전엔 스테인리스였는데 여자들이 솥단지 들다가 많이 다쳐서 지금은 알루미늄으로 바꿨어요."

정연의 말을 듣고 정말 가벼운 줄 알았다. 요리가 끝나고 조리원들이 닦아놓은 밥솥을 들어봤다. 밥솥 하나를 한 손으로 슬쩍 들다 팔목이 탁 내려갔다. 그 무게에 깜짝 놀라 다시 두 손으로 들었는데 역시 묵직했다. 쌀 한 톨 들어 있지 않은 밥솥이었다. 여기에 쌀 세 바가지가 들어가면 얼마나 무거울까. 그전에 스테인리스에 쌀 네 바가지씩 담았다던 밥솥은 또 얼마나 무거웠을까. 감조차 오지 않았다. 하지만 감이 잡히는 건 있다. '이 정도라도 좋아지기까지 이들이 얼마나 노력했을까?'라는 질문에 대한 답이다. 그 노력에는 노동조합으로 뭉친 과정이 있었다.

노동조합, 평등한 식당이 될 수 있도록

정연이 입사하기 1년 전인 2006년, 식당 노동자들을 비롯해 화성 공장 협력업체 노동자들이 노동조합을 만들었다. 그렇게 금속노조 기아차비정규직지회를 결성한 뒤 사측과 단체협약을 체결하는 과정에서 파업까지 했다. 그때 한 언론에 "파업이 애 낳는 것보다는 힘들지 않다"고 인터뷰했던 식당 노동자들이 전한 현장 모습은 이랬다. "아들 뻘 되는 관리자가 '빠께스'를 집어던지고 쌍욕을 해도 잘릴까 두려워서 아무 말 못 했어요." "카터기에 손가락이 잘리고, 뜨거운 국물이 쏟아져 뼈가 다 드러나도 회사가 산재 처리를 해주지 않았어요." "앞치마가 떨어져서 사달라고 하면 회사에서 '당신 돈 내고 사라'고 했죠." 1970~1980년대도 아니고 바로 10여 년 전 모습이다. 두려우면서도 더 이상 못 살겠다고 일어섰을 당시 식당 노동자들의 떨림이 전해진다. 그중 상당수는 여전히 화성공장 노동자들의 끼니를 책임지고 있다.

정연이 입사한 해에도 기아차비정규직지회는 파업을 했다. 기아자동차와 상관없는 하청 노동자라고 선을 그으면서도 업무 상당수를 관여하고 있는 기아자동차에 원청 사용자성을 요구하며 벌인 파업에 식당 조합원들도 함께했다. 식당 조합원들에게도 풀어야 할 숙제들이 많았다. 여전히 저임금에 시달렸고, 관리자들의 폭언이 줄긴 했지만 권위적인 모습이 아예 사라진 건 아니었다. 또 근골격계를 일으키는 일하는 환경을 바꿔나가야 하는 과제도 있었다.

"옷 장사 할 때 낮에 일하는 직원 월급을 80만 원씩 줬어요. 근데 여기 왔더니 주간 특근하고 바로 야간 특근으로 들어가 24시간 일하는 곱빼기를 하는데도 100만 원 정도 받는 거예요. 아마 최저임금도 제대로 못 받았을 거예요. 아줌마들이라고 회사에서 주면 주는 대로 그냥 받았던 거지."

정연이 10년 전을 떠올리며 치가 떨린다는 듯 목소리 높여 그때 이야기를 들려줬다.

"관리자들도 마음에 드는 사람들만 챙기고 힘으로 내리 누르려고 했고요. 사람들이 다치면 잘릴까봐 회사에 얘기도 못했어요. 아파도 깁스하고 일했고요."

앞장서서 이런 문제들을 사측과 협의하고, 안 되면 대거리라도 할 대표가 필요했다. 노동조합에선 이를 대의원이라고 불렀다. 정연은 입사한 첫 해에 대의원이 되고야 말았다. 언니들은 "젊으니까 네가 하라"고 했지만, 실은 관리자들 눈치 잘 안 보고 입바른 소리도 곧잘 하는 정연이 남달라 보였을 게다. 그때부터 정연은 대의원을 일곱 번이나 했다. 조금씩 월급도 올리고 작업 환경도 나아지는 데 작은 보탬이 돼왔다.

"노동조합 생기고서 많이 좋아졌지요. 힘으로 하려는 관리자들은 쫓아내기도 했어요. 책상에서만 일하는 관리자들한테 '얼마나 힘든 일인지 봐라' 하면서 식판도 받게 했어요. 근골격계도 요인들 계속 조사해서 순환 업무도 실시했어요. 2개월씩 하던 일을 바꿔서 해요. 국 하던 사람이 볶음 요리 하는 식으로요. 같은 일만 하면 한쪽 근육만 사용하게 돼서 무리가 오거든요."

정연이 지난 10여 년 동안 펼친 대의원 활동을 한마디로 정리했다.

"부족한 부분도 있었겠지만 전체 식당이 평등하게 가는 방향으로 개선하려고 노력했어요."

"밤에 잠을 자니 몸이 달라졌어요"

남아 있는 가장 큰 과제는 야간 노동이었다. 그것도 2013년에 해결될 줄 알았다. 원청인 기아자동차에서 주야 맞교대였던 근무형태를 주간 연속 2교대(하루 근무를 아침 일찍 시작해 자정 전후로 끝나도록 주간에 2교대로 운영하는 근무형태)로 바꿨기 때문이다. 하청업체들도 자연스럽게 주간 연속 2교대가 될 줄 알았다. 하지만 이는 세상 물정 모르는 바람이었다. 하청은 원청이 잘 돌아가도록 뒷받침해야 하는 법. 구내식당 노동자들에겐 새벽 1시에 끝나는 2조 근무자들에게 밤참을 해줘야 하는 임무가 있었다. 밤참 배식이 끝나면 뒷정리를 후다닥 하고선 다시 새벽 4시 20분부터 있는 조식 배식을 준비해야 했다. 식당 야간조는 공장에서 밤을 보낼 수밖에 없는 스케줄이었다.

맡은 일이니 어쩔 수 없다는 걸 알면서도 2조 근무 뒤 집에 가는 기아차 노동자들을 보면 부럽긴 했다. 야간 근무에 3시간 30분 잠자는 시간이 있긴 했지만 '잠잘 준비~ 땅!' 한다고 바로 잠드는 사람이 얼마나 될까. 그것도 계속된 야간 노동으로 만성 수면장애를 앓고 있는 노동자들인데…… 게다가 작업 뒷정리를 비롯해 식당에서 휴게실까지 오가는 시간, 조리복을 입고 벗는 시간을 따지면 수면 시간이 온전히 3시간 30분이 되는 것도 아니다. 그러니 조식 준비를 하려면 잠이 덜 깬 상태에서 몸을 갑자기 긴장 상태로 몰아넣는 셈이다. 몸에 얼마나 많은 스트레스가 가해졌을까. 밤중이긴 해도 집에 가서 자는 기아차 노동자들이 부러웠을 만하다.

그러던 구내식당 노동자들에게 드디어 해 뜰 날이 왔다. 기아차가 1조 8시간, 2조 10시간 일했던 주간 연속 2교대를 차츰 줄이다가 2017년 봄, 1, 2조 모두 8시간씩 일하는 체계로 바꾼 것이다. 그 덕에 2조 근무자들에게 새벽 밤참 배식을 하지 않아도 됐다. 또 문재인 정부가 노동시간을 주당 최대 52시간으로 제한하겠다고 칼을 뽑아들면서 주당 60시간 이상씩 일해온 정연과 동료들의 근무형태도 조절이 필요했다.

게다가 기아자동차 사측이 금속노조 기아차지부가 제기한 통상임금 소송*에서 패소함으로써 연장·야간·휴일 수당 조정이 불가피한 상황이다. 돈 나가는 구멍들을 찾아내 막느라 혈안이 돼 있을 기아차 경영진이 연장·야간·휴일 근무가 많은 식당 노동자들의 일을 그대로 둘 리가 없다는 건 쉽게 짐작할 수 있다.

조리원들이 소속된 현대그린푸드 사측은 기아차와 마찬가

---

* 기아차 생산직 노동자 2만 7,458명이 연 700퍼센트에 달하는 상여금을 통상임금에 포함시켜 2008~2011년 임금 중 연장 근로 등 각종 수당을 다시 계산해 지급하라며 기아차를 상대로 낸 소송. 2017년 8월, 1심 재판부는 기아차 사측에 수당 4,224억 원을 지급하라면서 노조 측 손을 들어줬다.

지로 주간 연속 2교대로 가는 여정을 밟고 있다. 2017년 9월, 2주 간 시범 실시를 했고, 지금은 희망자에 한해 주간 연속 2교대 근무를 이어가고 있다. 정규직 상황에 비정규직 노동조건을 끼어 맞추는 게 서글프긴 했지만 정연은 이렇게라도 야간 노동에서 벗어나니 좋다고 했다.

"예전엔 주간일 때도 오후 7시에 퇴근해서 집에 오면 8시가 넘어서 식구들 저녁 차려주기도 힘들었어요. 지금은 1조 때 낮에 도착하니까 식구들 챙기기가 좋죠. 2조 때도 식구들 아침 먹이고 낮에 일 좀 보다가 나올 수 있고요. 애들 키우는 엄마들이 정말 좋아해요."

정연은 신이 나서 말했지만 그와 동료들이 야간 노동에서 완전히 벗어난 건 아니다. 한 달 중 한 주는 새벽 3시 30분에 조기 출근(조출)을 해야 한다. 4시 20분에 배식을 해야 하는 식당이 있어서다. '희망자에 한한다'는 단서를 달긴 했지만 주야 맞교대에서 주간 연속 2교대로 가면서 줄어드는 임금을 생각할 때 조출을 안 한다고 하기는 힘들다. 오후 3시 30분에 출근하는 2조 역시 0시 30분에 퇴근하니 새벽별 보고 출근하고 밤별 보고 퇴근하는 생활은 마찬가지다. 그럼에도 정연은 몸이 달라졌다고 전했다.

"전에 목소리 안 나와서 병원에 갔다고 했잖아요. 주간 연속 2교대 시범 운행한 2주 만에 목소리가 돌아왔어요. 무엇보다도 몇 달 만에 몸이 너무 가벼워졌어요. 잠을 밤에만 잘 수 있어도 이렇게 달라지더라고요."

아이들에겐 부모가 필요한 때가 있는데……

정연 옆에서 정리를 하던 팀장도 한마디 거들었다. 팀장은 화성공장 식당에서 일한 지 벌써 13년이 됐다.

"야근 안 한다고 요즘 우리 아저씨가 얼마나 좋아하는데…… 같이 있는 시간 많다고. 1조 근무 끝나고 집에 가면 낮 1시 조금 넘거든. 예전에 서로 얼굴도 못 보던 때랑은 차원이 다르지."

정연이 과거를 떠올리면서 설명을 덧붙였다.

"그동안 야간인 주는 일주일 내내 가족들 얼굴을 못 봤어요. 아침에 퇴근해서 집에 가면 이미 남편은 출근하고 아이들은 학교에 간 뒤고, 낮에 혼자서 자다가 아무도 없을 때 출근하러 나와야 하니까요. 주간일 때도 애들 잘 때 나와야 했으니 별반 다르지 않았고요."

처음 취직할 때도 면접을 본 관리자가 "괜찮겠냐? 남편이 허락했냐?"고 물었다. 그때는 그 의미를 몰랐는데 일을 하면서 알게 됐다. 남편이 독수공방할 수도 있다는 뜻이었다는 걸. 다른 건 개의치 않았는데 집이 멀어서 취직을 못 할 뻔하기도 했다. 정연은 수원에 살았다. 기아차 통근버스가 수원까지 왔지만 하청업체 직원들은 탈 수 없었다. 하청업체가 따로 운행하는 차량은 화성공장 주변만 돌았다. 정연은 자가용으로 출퇴근하겠다고 간곡하게 말한 끝에 취직을 할 수 있었다. (지금은 하청업체 직원들도 기아차 통근버스를 탈 수 있다.)

먹고살기 위해 어쩔 수 없이 택한 일이었지만 정연은 요즘 조금 후회한다. 아이들 때문이다. 처음 일을 시작했을 때 초등학생이었던 아이들이 벌써 20대 초반이 됐다. 사춘기도 모르고 지나갔을 정도로 반듯하게 큰 남매였다. 그만큼 아이들이 엄마를 다 이해하는 줄 알았다. 그런데 커서 "엄마, 그때 체육대회에 안 왔잖아"하며 엄마가 부재한 순간을 끄집어내는 걸 보면 말하지 못한 아픔이 있었음을 느낀다. 그래서 정연은 아이들이 학교 다니던 때 사진을 보기 힘들다. 챙긴다고 챙겼지만 사진을 보면 왠지 우리 아이들만 더 꾀죄죄하고 핏기도 없어 보여서다.

너무 일찍 철이 든 아이들을 볼 때도 가슴이 미어졌다. 큰딸은 이미 고등학교에 들어가면서부터 "내가 빨리 돈 벌어서 엄마, 아빠 힘들지 않게 해줄게"라며 메이크업 분야로 진로를 정했다. 학교 끝나고 서울에 있는 뷰티 아카데미까지 갔다 오면 자정이 넘기 일쑤였다. 그런 고생 끝에 이제는 배우나 아이돌 그룹이 찾는 메이크업 아티스트로 자리 잡았다. 딸이 자랑스러우면서도 안쓰러운 마음이 큰 정연은 지금은 주변에서 "유난스럽다"는 소리를 듣는다. 틈만 나면 아이들과 함께하려고 하기 때문이다. 딸이 쉬는 날이면 서울까지 차를 몰고 가서 데려올 정도다. 고등학교 때 만원 전철을 타고 다니다가 공황장애까지 왔던 딸이 지하철에서 사람들에게 시달리지 않았으면 하는 마음에서다. 아들도 살뜰히 챙기고 싶은데 아들은 지금 군대에 있다.

"아이들이 시간이 있을 땐 내가 곁에 없었는데 이젠 내가 어떻게든 시간을 내려고 해도 아이들이 시간이 없어요. 그래서 아이가 어린 엄마들 보면 돈 버는 것도 중요하지만 아이와 같이 있는 게 중요하다고 얘기해요. 부모가 함께해야 하는 때가 있다고, 시간은 가면 다시 안 돌아온다고……"

거침없이 이야기를 쏟아내던 정연이 아이들 이야기가 나오자 눈물을 글썽였다. 회한이 담긴 얼굴로.

저녁 7시가 넘어가니 음식들이 거의 완성되었다. 아직 일은 끝나지 않았다. 배식 준비하는 사람을 빼고는 다들 청소에 힘을 쏟는다. 한 조리사가 바쁘게 솔질을 하면서 "야간엔 조리 끝나자마자 청소해야 퇴근 차 시간을 맞출 수 있거든요"라고 설명한다. 저마다 조리를 한 테이블을 비롯해 바닥까지 솔로 닦고 다시 손걸레로 닦아낸다. 발목까지 오는 앞치마를 걷어 올린 채 쪼그리고 앉아 바닥을 닦으려니 꽤 불편할 텐데도 다들 주저함이 없다. 의자에 올라가 환풍기 기름때까지 닦아낸다. 조리실 곳곳이 반질반질 빛이 난다. 자신들 공간을 아끼는 조리원들 마음이 그대로 비칠 정도로.

7시 50분에 시작되는 배식을 앞두고 한 조리원이 바구니에 후식으로 주는 요구르트를 뜯어서 수북이 쌓는다. 다시 그 옆 커다란 쟁반에 그 요구르트들을 일일이 열 맞춰 줄을 세운다. "모든 게 손이 많이 가요" 하면서. 그랬다. 내가 별 생각 없이 먹던 한 끼 한 끼가 이렇게 손이 많이 간 뒤 내 앞에 온 귀한 양식이었다. 배식이 끝나는 8시 30분에야 저녁을 먹는다는 조리원들과 작별하고 나와서야 이 평범한 깨달음이 내 가슴을 쳤다.

식당 옆에서 조퇴자들을 태우고 갈 버스를 기다고 있는데

달빛 노동 찾기

내가 별 생각 없이 먹던 한 끼 한 끼가
이렇게 손이 많이 간 뒤 온 귀한 양식이었다. 배식이 끝나는
8시 30분에야 저녁을 먹는다는 조리원들과 작별하고 나와서야
이 평범한 깨달음이 내 가슴을 쳤다.

2017년의 첫눈이 하늘에 흩뿌리기 시작했다. 기아차 노동자들이 근처 공장들에서 나와 그 눈을 맞으며 삼삼오오 걷거나 자전거를 타고 한 곳으로 향해 갔다. 바로 소중한 한 끼를 먹기 위한 식당으로.

아직 해피엔딩은 오지 않았다

이 이야기가 조금 부족하긴 하지만 그래도 야간에 일하는 시간은 줄어든, 해피엔딩에 가까운 결말을 맞을 줄 알았다. 그런데 원고를 넘기기 전 근황을 묻기 위해 정연에게 연락을 취했는데 통화하기가 어려웠다. 토요일, 일요일에도 출근을 한 것이다. 그것도 예전과 같은 야간 근무로 돌아가 있었다. 낮에 전화를 했다가 "지금 자고 있네요"라는 문자를 받아 미안함에 몸 둘 바를 몰랐다.

월요일 오전 7시 40분, 일요일에 야간 근무를 하고 퇴근해 집에 돌아온 정연과 겨우 연결이 됐다. 정연은 2018년 4월부터 다시 맞교대 근무를 하고 있다고 했다. 고용노동부가 지난해 주간 연속 2교대로 근무형태를 변경한 과정이 '단체협약 위반'이라면서 기존 근무형태로 되돌리라고 시정 명령을 내렸기 때문이다. 시정 명령에 따라 기아차 식당 노동자들은 다시 2주에 한 번 야간 근무를 하는 생활로 되돌아갔다. 반년 가까이 주간 연속 2교대의 편안함을 맛봤던 식당 노동자들에겐 사탕을 빼앗긴 아이와 같은 박탈감이 몰려왔다.

"다들 빨리 야간 일에서 벗어나고 싶다고 난리예요. 야간 안 하는 맛을 아니 이제 야간 근무 때 새벽에 잠자야 하는 대기 시간조차 숨 막힌다고, 집에 가고 싶다고들 해요. 다시 야간 일 하면서 아침에 속 쓰리다고 하고요. 피곤한 건 말할 것도 없고요."

정연이 전하는 요즘 기아차 식당 노동자들의 삶은 우울함 그 자체였다. 회사에서도 식당 노동자들의 이런 상황을 알아서 근무 형태를 곧 바꿀 계획을 세우고 있단다. 물론 그보다는 2018년 7월 1일부터 시행된 주당 노동시간을 최대 52시간으로 제한한 근로기준법에 맞추기 위한 조치일 가능성이 커 보인다. 유예 기간이 끝나는 2018년 말까지 주 60시간 이상 일해온 기아차 식당 노동자들의 근무형태도 조절이 불가피하다. 이미 기아차는 상시 비상 대기자들을 3교대로 돌리는 등 52시간 법제화에 따른 조처들을 해나가고 있다. 식당 노동자들도 조만간 야간 근무에서 벗어날 듯한데 정연은 기뻐하기보다 마음이 무거워 보였다.

"작년에 주간 연속 2교대 합의할 때는 야간개선수당이나 조출수당 등을 따내서 줄어드는 월급을 얼마간 보전받을 수 있었거든요. 근데 지금은 사측이 법대로 하겠다, 3교대로 바꿔서 야간에만 일하는 인원을 투입하든지 하겠다고 하고 있어요. 그렇게 되면 월급이 150만 원 가까이 깎이거든요. 생활이 안 되죠. 노사가 적절한 선에서 합의해야 할 텐데 아무래도 작년만큼 월급 보전은 힘들 것 같아요."

정연은 큰 한숨을 쉬면서 전화를 끊었다. 야간에 일해 야간수당을 받지 않고서는 생활이 힘든 저임금 노동자들에게 주 52시간 법제화는 오히려 독이 될 수 있음을 목도한 순간이었다.

24시간 고속도로를 지키는 사람들

– 고속도로 안전순찰원 박현도·오택규 씨

기록 최규화

책 작업을 함께하고 있는 정윤영 작가의 자동차가 고속도로를 달리다 고장이 났다. 놀라고 당황스러웠던 순간, 슈퍼맨처럼 '뿅' 하고 나타난 사람들이 있었다. 바로 고속도로 안전순찰원. 생각지 못한 불행이 만들어준 뜻밖의 인연으로 그들의 순찰차에 함께 타볼 기회까지 생겼다.

차를 타고 고속도로를 다니다 보면, 간혹 차 지붕 위에 큰 전광판을 달고 맨 끝 차선으로 천천히 달리고 있는 SUV 차량을 볼 때가 있다. 바로 그들이 고속도로 안전순찰원이다. 고장이나 사고가 난 차가 있으면 달려와서 안전 조치를 취하고, 도로 위에 떨어져 있는 위험물을 제거하거나 도로 시설의 상태를 점검하는 일 등을 한다. 한국도로공사 외주 용역 업체 소속 900여 명이 '365일 24시간' 전국의 고속도로에서 일하고 있다.

2018년 4월의 어느 날 '우연한 고장' 덕분에, 10년차 순찰원 박현도(가명·남) 씨와 그의 파트너인 3년차 순찰원 오택규(가명·남) 씨가 모는 순찰차에 동승할 수 있었다. 그리고 며칠 뒤 박현도 씨를 따로 만나 더 많은 이야기를 나눴다. 고속도로 위 그들의 존재를 몰랐던 사람은 나만이 아니었나 보다. 박현도 씨는 "출동해보면 순찰원을 처음 본다는 분들이 많아요. '어떻게 오셨어요?'라고 묻는 사람들도 있고요"라고 말했다.

"도로에 위험물 떨어진 것도 확인하고, 시설물 파손된 게 있나 이런 것도 확인하죠. 야간에는 특히 갓길이 위험하니까 갓길에 정차해 있는 차들이 없나 보고, 가로등 같은 것도 확인해야 돼요. 교통사고 처리를 포함해서 도로 위의 모든 위험 요소와 위험 상황을 확인하고, 시설물 점검까지 하는 거죠."(박현도)

오택규 씨는 고속도로에서 사고가 났을 때 "가장 먼저 와서 가장 마지막에 가는 사람들"이라고 스스로를 소개했다. 항상 도로를 돌면서 순찰을 하고 있기 때문에 교통사고 상황에도 경찰보다 먼저 현장에 도착해 차량의 안전을 확보하고 사고 처리를 돕는 경우가 많다고 한다. 차량 화재 사고 때도 소방차보다 이들이 먼저 도착해, 소화기로 초기 대응을 하고 운전자를 구조하는 경우도 있다.

"국민들은 저희가 이런 일을 하는 건 잘 모르시죠. 저희가 현장에 출동하면 안전 관리는 물론이고 사람부터 차량 이동까지 모든 게 종결돼야 현장을 떠날 수 있게 돼 있어요."(오택규)

응급 환자 발생으로 출동하게 되는 경우도 있다. 그럴 때도 사람들의 안전을 확보하고 1차적인 조치를 한 뒤 구급대에 인계하는 역할을 한다. 하지만 화재나 응급 상황에 어떻게 대처해야 하는지 제대로 된 교육을 받아본 적은 없다. 일을 하려면 당연히 필요한 능력이기 때문에 '일을 해가면서' 배울 뿐이다. 박현도 씨는 그들이 도로공사가 아니라 외주 용역업체 소속이라는 점에서 그 이유를 찾았다. "도로공사는 저희를 교육시킬 의무도 없고, 외주 용역업체 사장이 자체적으로 교육에 투자할 리도 없기 때문"이라는 것이다.

수도권을 지나는 고속도로. 밤 10시가 지난 시간이었는데도 도로 위에는 차가 많았다. 나들목(IC) 가까이에는 정체 구간도 있었다. 아무래도 수도권은 교통량이 많다 보니 자잘한 사고도 많고, 지방의 고속도로보다 일거리가 많단다. 시가지가 가깝다 보니 보행자가 고속도로에 올라오는 황당한(?) 경우도 많다고 했다.

"한 달에 두세 분 정도는 계세요. 치매 노인분들이 많이 올라 오시고요, 도로를 가로질러 가시려는 분들, 자전거 타다가 잘못 올라오시는 분들, 등산객들, 다양해요. 정말 위험하죠. 돌아가신 분도 있어요."(박현도)

고속도로 안전순찰원들은 두 사람씩 조를 이뤄 하루에 3교대 근무를 한다. 한 번 같은 조가 되면 80일 정도 함께 일한다. 정해진 코스를 주간에는 하루에 세 바퀴씩, 야간에는 네 바퀴씩 돌아야 한다. 박현도 씨는, 매일 8시간씩 주 5일 둘이서만 같은 차를 타고 일하다 보면 "와이프보다 더 친해진다"며 웃었다.

도로 위의 모든 걸 살피는 게 일

"고장차다!" 박현도 씨가 짧게 외쳤다. 운전석의 오택규 씨는 재빨리 사이렌을 울리고 경광등을 켰다. 순찰차가 미끄러지듯 왼쪽 차선으로 옮겨가더니, 1차선을 막고 서 있는 한 승용차 뒤에 멈춰 섰다. 박현도 씨가 차에서 내려 승용차 운전석 쪽으로 뛰어갔다. 오택규 씨도 거의 동시에 경광봉을 들고 차에서 내려 뒤쪽으로 갔다. 경광봉을 흔들며 도로에 러버콘(안전고깔)을 하나씩 놓았다. 순식간이었다.

처음 듣는 그들의 이야기에 한창 흥미롭게 빠져들어 있던 때였다. 고속도로에 멈춰 서 있는 '또 다른' 고장차를 발견하자마자 그들은 정말 '슈퍼맨처럼' 움직였다. 나는 순찰차의 앞뒤 창을 통해 고개를 돌려가며 그들의 모습을 봤다. 금세 박현도 씨가 고장차의 운전석에 탔고, 오택규 씨는 우측 차선에서 달려오던 차량들을 경광봉으로 통제했다. 고장차가 스르르 천천히 움직이더니 무사히 갓길에 멈췄다.

오택규 씨는 다시 순찰차에 올라, 갓길에 있는 고장차 뒤에 순찰차를 댔다. 박현도 씨도 곧 순찰차로 돌아왔다. 주행 중에 갑자기 시동이 꺼져서 오도 가도 못하는 상황이었단다. 박현도 씨는 마침 길이 내리막이라 기어를 중립에 놓고 차가 갓길로 '흘러가도록' 한 것이다. 그 뒤로도 한동안 순찰차는 고장차의 뒤를 지켰다. 견인차가 와서 고장차를 끌고 간 뒤에야 순찰차는 다시 움직이기 시작했다.

"지금은 운이 좋은 겁니다. 견인차도 빨리 오고 차량도 어쨌든 움직일 수 있는 상황이라서. 실제로 두 달도 안 됐는데, 바로 반대편에서 사망 사고가 났어요. 두 대가 추돌 사고가 나서 운전자가 사고 처리 하려고 갓길에 차를 대고 내리는데, 그사이에 뒤에서 달려오던 차가 친 거죠."(오택규)

"여기는 시내가 가까워서 밤 시간에도 차가 밀리니까 다행이지만, 새벽 시간에 교통량이 줄어서 차들이 빨리 달리는 경우라면 진짜 위험한 거예요. 내리막길이니까 기어를 중립에만 놓으면 차가 내려가는데, 운전자는 생각을 못하죠. 당황하기도 하고 옆 차선에서 차들이 달리니까 무서워서도 못 가고요. 저도 뒤에서 이 친구가 차를 잡아주니까(통제해주니까) 간 거지, 혼자서는 절대 못해요."(박현도)

고속도로에서 일어나는 문제 상황의 정도를 0에서 10까지로 나눠본다면 방금과 같은 상황은 '2' 정도밖에 안 된단다. 박현도 씨가 겪은 '최악의 상황'은 비 오는 밤 커브가 심한 교량에서 사고가 났을 때. 야간, 빗길, 커브 구간이라는 악조건이 겹치기 때문에 운전자들의 시야가 안 좋을 수밖에 없다. 그럴 때는 뒤에 오는 차들이 순찰차도 못 볼 가능성이 있기 때문에 섣불리 사고 현장에 접근할 수가 없다고 한다.

"터널에서 차가 고장이 나면, 그 안에 매연이 엄청 심해요. 대형차 같으면 처리하는 데 보통 한 시간은 걸리고, 승용차도 30분 이상 걸리기 때문에 목에 진짜 안 좋죠. 가뜩이나 매일 고속도로에서 매연 먹고 다니는데…… 마스크는 회사에서 최근에 샀어요. 매연 때문이 아니라 미세먼지 때문에."(박현도)

박현도 씨는 10년째 고속도로에서 일하다 보니, 어떤 때는 순찰차가 아니라 자가용을 몰고 가는 것처럼 편한 느낌을 받기도 한단다. 반대로 쉬는 날 정말로 자신의 자가용을 몰고 고속도로를 달릴 때도, 어느샌가 일할 때처럼 도로 위의 모든 것을 살펴보면서 가게 되는 '부작용'도 있단다. 일종의 직업병이라고 해야 할까. 자기도 모르게 갓길로 달리다가 깜짝 놀랄 때도 있다고 박현도 씨는 웃으며 말했다.

사고 현장에 가장 먼저 와서 가장 마지막에 가는 사람들

24시간 고속도로를 지키는 일. 오전 6시, 오후 2시, 밤 10시 하루

세 번 교대한다. 야간-야간-오후-오후-오전 또는 야간-야간-오후-오전-오전 하는 식으로 이틀이나 하루 단위로 근무시간이 계속 바뀐다. 한 업체에 16명이 일하는데, 두 사람이 일하는 곳에는 30대가 두 명, 나머지는 40대와 50대가 반반 정도 된다고 한다. 박현도 씨를 비롯해 절반 정도는 외주 용역화가 진행된 10년 전부터 일해온 사람들이다.

"처음에는 야간 일이 제일 힘들고 적응을 못해요. 야간 일만 계속하는 것도 아니고 주간 일만 계속하는 것도 아니고, 주 5일 근무에 오전-오후-야간 전부 돌아가니까 적응하려면 좀 힘들어요. 처음 석 달 정도는 다 힘들어하더라고요. 야간 근무가 힘들어서 그만두는 친구들도 있죠."(박현도)

"운전하는 걸 되게 좋아해서 예전에는 운전하다 졸릴 일이 없었는데, 이 일을 하면서 낮밤이 계속 바뀌고 피로가 쌓이다 보니까 졸릴 때도 있죠. 늘 잠을 충분히 못 자니까."(오택규)

아무리 두 사람이 돌아가면서 운전을 한다고 해도 야간에 꼬박 8시간 동안 도로 위에 있는 것은 쉬운 일이 아니다. '24시간 365일' 순찰차는 도로 위에 있어야 한다. 정해진 휴게시간도, 휴게 공간도 없다.

"순찰차의 위치, 속도 모든 게 (중앙 통제 시스템에) 다 떠요. 어디서 뭘 하고 있는지. 어떻게 보면 족쇄예요. 한 장소에 조금만 있어도 바로 위에서 '왜 거기 있었냐'는 말이 나와요. 한자리에 오래 서 있지 말라고 하죠. 그러니까 차 안에서만 잠깐 쉬었다가 또

'24시간 365일' 순찰차는 도로 위에 있어야 한다.
정해진 휴게시간도, 휴게 공간도 없다.

이동하고 잠깐 쉬었다가 또 이동하고……"(박현도)

수도권이다 보니 고속도로와 가까운 시가지도 있다. 한번은 야간 근무를 하다가 잠을 깨려고 음료수를 사러 국도변 편의점에 간 적이 있다고 한다. 그런데 편의점 앞에 차를 대놓고 한 사람이 편의점에 들어간 사이 주민들이 '왜 순찰차가 여기 있냐'고 신고를 했단다. 경유차인 순찰차가 내뿜는 매연 때문이었다나.

노선마다 주로 통행하는 차량의 종류도 다르다. 화물차가 주로 다니는 도로는 위험 요소도 많다. 사고가 나도 큰 사고가 나고, 화물차에서 떨어지는 낙하물도 많다. 2013년 한국도로공사 자료에 따르면, 매년 30만 건의 낙하물이 고속도로에서 수거되고 있고, 연평균 45건의 낙하물 사고가 발생하고 있다. 한 해에 30만 건이면 하루 평균 800건이 훨씬 넘는다. 그것들을 치우는 일도 고속도로 안전순찰원의 일이다.

"야간에는 항상 긴장해야 돼요. 제가 아는 분 중에 대형 견인차를 하시는 분이 있었어요. 그분도 고속도로에서 한 20년 일하셨거든요. 그런데 현장에서 일하다가 돌아가셨어요. 갓길에서 고장 난 대형차를 견인하려고 준비를 다 하고 딱 출발하려고 차에 타다가 뒤에서 오던 화물차에 치인 거죠. 그렇게 베테랑인 분들도 한순간에 그렇게 될 수 있는…… 위험해요, 여기 일이. 긴장 안 하면 무슨 일이 생길지 몰라요."(박현도)

그나마 수도권 고속도로에서는 사망 사고가 적지만 지방으로 갈수록 큰 사고가 많이 난다. 박현도 씨가 아는 다른 직원도 갓길에서 안전 관리를 하다가 음주운전 차량에 치여서 허리가 부러지는 큰 부상을 입었다고 한다. 야간에는 가장 무서운 것이 졸음운전, 그리고 음주운전이다.

시속 100킬로미터를 넘나드는 고속도로에서 야간에 음주운전을 하는 사람들이 있다니. 간 크게도 '자살운전'을 감행하는 사람들이 얼마나 될까 싶어 찾아보니 단속에 적발된 사람만 한 해에 6,000명꼴이다. 2014년 경찰청 자료에 따르면, 2009년부터 2013년까지 술을 마시고 고속도로에 진입하다 적발된 운전자는 3만 2,069명에 달했다. 같은 기간 고속도로에서 일어난 음주 사고는 모두 2,879건. 월평균 48건의 사고가 발생해, 157명이 사망하고 5,522명이 다쳤다. 사망자는 월평균 2.6명, 부상자는 월평균 92명이다.

고속도로 음주 교통사고의 절대 다수는 밤 9시부터 다음 날 오전 6시 사이에 발생한다. 도로에서 밤을 보내야 하는 순찰원들은 졸음이나 피로와 싸우는 동시에, 음주운전 차량의 위협 또한 늘 경계해야 한다.

야간에 눈비가 와서 날씨까지 궂은 날은 사고 위험이 훨씬 높아진다. 오택규 씨는 빗길 과속으로 사망 사고가 나거나 트레일러 같은 대형 화물차들이 미끄러져 넘어지는 사고들을 본 경험을 말했다. 교통사고 현장에 "가장 먼저 와서 가장 마지막에 가는 사람들". 이들에게는 정신적인 고통도 늘 따라다닌다.

오택규 씨는 사람의 시신을 처음 본 그날을 잊지 못한다. 때

교통사고 현장에 "가장 먼저 와서 가장 마지막에 가는 사람들".
이들에게는 정신적인 고통도 늘 따라다닌다.
사망자는 음주운전 사고를 낸 운전자였다.
보고 싶지 않았지만 현장 사진을 찍으려면 어쩔 수 없었다.
정신적 충격이 컸다.

　　　　　　달빛 노동 찾기

마침 비도 추적추적 내리던 날. 순찰원 일을 시작한 지 얼마 지나지 않은 때였다. 사망자는 음주운전 사고를 낸 운전자였다. 보고 싶지 않았지만 현장 사진을 찍으려면 어쩔 수 없었다. 정신적 충격이 컸다. 그 뒤로 생각하지 않으려 해도 자꾸 생각이 났다.

이후에도 교통사고로 목숨을 잃은 사람들의 모습을 더 봐야 했다. 그중에는 텔레비전 뉴스에 등장할 정도로 큰 사고도 있었다. 생각하고 싶지 않은 끔찍한 경험이었다. 순찰원 일에 대해 잘 알지 못하고 시작한 초년생일수록 사고 현장을 목격할 때마다 충격을 많이 받고 일 자체에 회의를 느끼기도 한단다.

"죽을 수도 있는 사람을 살려낼 때 보람을 느껴요"

이들의 일은 '사람'을 위험에서 지키는 일이다. 그런데 그 '사람' 때문에 받는 스트레스가 이만저만이 아니다. 오택규 씨는 도로 위에서 음주운전자에게 맞은 적도 있다. 음주운전자를 고속도로 순찰대 경찰한테 인계했는데, 그 때문에 억울하게(?) 단속을 당했다고 생각한 운전자가 욕을 하면서 주먹을 휘두른 것이다.

"또 있어요. 도로에 있는 낙하물 때문에 피해를 봤다고 보상해달라고 신고가 들어왔대요. 우리 직원이 가서 매뉴얼대로 설명을 해드렸는데 이 사람이 갑자기 주먹을 날린 거예요. 그리고 우리 직원을 질질 끌고 왔어요. 건달이었나 봐요. 애들을 쫙 불러가지고 한 20명이 와서 깽판을 놓고…… 결국 보상해줬어요. 말도 안 되는 건데 공기업이 제일 무서워하는 게 민원이니까, 시끄러워지니

까 해주더라고요."(박현도)

'로드킬' 당한 동물 사체를 수습하는 것도 이들의 일이다. 2017년 한국도로공사 자료에 따르면, 전국의 고속도로에서는 최근 5년간 1만 1,379건, 연평균 2,300여 건의 로드킬이 발생했다. 고속도로 1킬로미터당 0.62건, 하루 평균 6.3건이다. 도로 위의 사체를 치우려면 사람도 같은 위험을 무릅써야 하는 게 당연하다. 사체를 수습해야 하는 정신적인 스트레스와 2차적인 사고의 위험에 동시에 노출돼 있다.

"민원이 좀 안 들어왔으면 하는데 안 들어올 수는 없는 것 같고요, 욕만 안 했으면 좋겠어요. 낙하물 떨어진 거 왜 안 치우냐, 왜 보상을 안 해주냐, 막무가내인 분들이 많으니까. 특히 화물차 기사 분들은 입이 거칠어요. 그때는 정말 때려치우고 싶을 때도 있죠. 막말도 하고 그러다 서로 언성 높여서 싸울 때도 있는데, 민원을 넣어버리면 우리는 외주 직원이니까 그냥 '깨갱' 해야 되고…… 이런 경우가 다반사죠."(박현도)

다행스럽게도 보람을 느끼게 하는 일들도 많다. 다른 사람을 도와준다는 것 자체가 그렇다. 고속도로에서 사고로 차가 고장이 나서 곤란에 처한 사람들이 도움을 필요로 할 때 제일 먼저 가서 문제를 해결해주는 것. 다친 사람을 구해줬을 때, 화재 사고를 진압했을 때, 도로 위에 떨어뜨린 중요한 물건을 찾아줬을 때, 술에 취해 도로 위에 차를 세워두고 잠든 사람을 구해줬을 때, 급체에 걸린 임신부 운전자를 구해줬을 때……

달빛 노동 찾기

"고객님들한테 감사하다는 말을 들을 때가 가장 고맙죠. 또 저희가 정규직 직원은 아니지만 도로공사 홈페이지에 칭찬 글을 남겨주시는 분들이 있어요. 위험천만하고 저희도 겁나는 일도 있지만 그것에 감사하다고 글을 남겨주실 때, 또 죽을 수도 있는 사람을 내가 살려줬을 때 보람을 느끼죠."(오택규)

시어머님께서 짐차에 물건을 싣고 포항을 오는 길이었는데, 차가 갑자기 펑크가 나면서 짐들이 도로로 쏟아졌습니다. 많이 당황하고 놀랐는데, 마침 순찰 중이시던 순찰반께서 물건들을 다 챙겨주시고 친절하게 대해주셨대요. 놀라셨던 어머님께서 도움을 받고 마음의 안정도 찾으셨고, 너무 고마운 마음에 사례라도 하려고 하였으나 극구 사양하시면서 본인들이 할 일을 했을 뿐이라며 겸손해하셨습니다. 어머님을 대신하여 다시 한 번 감사의 마음을 전하고 싶습니다. - 2018년 4월 30일 자 한국도로공사 직원칭찬게시판 게시물 중

순찰원 사망 보험금까지 챙기는 사장

30대 초반인 오택규 씨는 요즘 고민이 많다. '비정규직'이라는 신분 때문이다. 그는 원래 공무원 시험을 준비했다. 원하던 결과를 얻기가 힘들어 어쩔 수 없이 이 일을 시작했다. 처음에는 민자 고속도로에서 안전순찰원 일을 시작했다고 한다. 지금도 처우가 좋은 것은 아니지만 그때는 더했다. 하루 12시간씩 2교대로 일하고

한 달에 145만 원을 받았다. 그러다 한국도로공사 외주 용역업체로 옮겨와 3년째 일하고 있다.

"자긍심을 갖고 일하거든요. 남을 도와준다는 게 정말 재밌는데, 지인들한테 떳떳하게 얘기를 못해요. 비정규직이다 보니까…… 잘 보이고 싶은 사람들한테는 거짓말하는 경우도 있어요. 그냥 도로공사에 다닌다고만 해요. 되게 민망하죠. 나이가 30대 초반인데, 삶의 방향을 정해야 되는 중요한 시기잖아요. 결혼도 해야 되고…… 결혼은 사실상 하기 어렵다는 생각이 들거든요. 솔직히 다시 (공무원 시험) 공부하러 가야 되나 싶기도 하고 복잡하죠. 불확실하잖아요. 정규직 된다, 된다, 얘기만 있지 바뀌지 않았잖아요."(오택규)

고속도로 안전순찰원 업무에 대한 외주 용역화가 시작된 것은 2007년이다. 당시 한국도로공사는 도로공사 퇴직자가 세운 35개 업체와 수의계약을 했다. '100퍼센트' 도로공사 퇴직자의 몫이었던 셈이다. 이후 2014년 한 외주 용역업체 사장이 비리를 저지르다 적발돼 논란이 됐다. 그 뒤에야 해당 업체에 대한 계약이 종료되고 처음으로 공개 입찰이 진행됐다. 현재 외주 용역업체는 53개로 늘어난 상태다.

이른바 '도피아(도로공사+마피아)'로 불리는 이들의 폐단은 그동안 여러 차례 지적돼왔다. 2014년엔 외주 용역업체 사장들이 순찰원을 채용할 때 임금 지급액이 공란으로 돼 있는 근로계약서에 서명을 하게 한 뒤 직원들의 월급을 20~30만 원씩 빼돌린 일이 세상에 알려졌다. 입사할 때 두 개의 통장을 가져오라고 해서 하나는 정상적인 급여 통장으로, 하나는 돈을 빼돌리기 위한 '세탁' 통장으로 사용한 것이다.

급여만 빼돌린 게 아니다. 순찰원들의 사망 보험금까지 이들의 배 속으로 들어갔다. 2012년 순찰원 네 명이 사고로 사망했는데 그중 세 명의 유족은 1억 원의 보험금 중 5,000만~8,000만 원만 지급받았다. 업체에서 보험금 수령인을 '사장'으로 해뒀기 때문이다. 2013년 국정감사에서 지적된 뒤에야 업체와 유족 간에 합의가 이뤄졌다. 2013년 기준, 전국 53개 업체 가운데 보험금 수익자를 사장으로 한 업체는 33개에 이른다.

이게 정말 불과 5년 전에 일어난 일이 맞나. 상상하기 힘든 일들이 거듭 세상에 알려지고 여론의 비판이 거세지자, 2014년 한국도로공사는 자체적으로 '외주 안전순찰 전수조사'를 실시했다. 그 결과 전체 53개 업체 중 26퍼센트에 달하는 14개 업체가 인건비 부적정 집행 등으로 적발돼 제재조치를 받았다.

▲급여대장과 실제 계좌이체 내역이 다른 경우가 일곱 곳 ▲급여 인상 소급분을 지급하지 않은 경우가 두 곳 ▲수습 기간 급여 일부를 지급하지 않은 경우가 두 곳 ▲특정 직원에게만 인건비를 편중 지급한 경우도 한 곳 있었다. 식비와 교통비를 현금이 아닌 '기프트 카드'로 지급한 사례도 있는 것으로 드러났다.

"우리는 사고가 나면 안 돼요. 출동하다가 사고가 나면 (회사에서) 보험 처리를 안 해주려고 해요. 그런데 저희는 사고가 날 수

"저희 목숨이 달린 차량이잖아요.
고장이 있는데도 몰고 나가라는 거예요.
순찰차는 1년 365일 24시간 달려야 하는데, 정작 제일
신경 써야 하는 차는 신경을 안 쓰고……"

밖에 없는 상황이에요. 운전을 많이 하고, 또 출동할 때는 급하게 움직여야 되니까. 저도 예전에 접촉 사고가 한 번 났어요. 그런데 상대 차 운전자가 병원에 누워버린 거예요. 그럼 돈이 많이 나오고, 내 돈으로 할 수 없잖아요. 회사에 보험 처리를 해달라고 하니까 사장이 조용히 불러서 '야 그냥 니네 둘(같은 근무조)이 반반씩 내면 안 되냐?' 하고 회유하더라고요. 치사하죠. 운전으로 먹고사는데 사고가 안 난다는 건 말이 안 되잖아요. 보험을 왜 들어요? 사고 나면 대비하려고 드는 건데."(박현도)

운전으로 먹고사는 사람들. 이들은 일하는 시간의 대부분을 차 안에서 보낸다. 그런데 이 차량에도 문제가 많았다. 순찰원들 사이에서 '백만돌이'라고 불리는 순찰차들. 주행거리가 100만 킬로미터가 넘어서 더 이상 계기판에도 표시가 되지 않는 차량들이다. 2016년 KBS 보도에 따르면, 노후한 순찰차가 주행 중 시동이 꺼지거나 갑자기 앞바퀴 축이 부러지고 타이밍 벨트가 끊어지는 등 위험천만한 사례도 있었다.

"저희 목숨이 달린 차량이잖아요. 고장이 있는데도 그냥 몰고 나가라는 거예요. 싫으면 회사 나가든가. 순찰차는 1년 365일 24시간 달려야 하는데, 정작 제일 신경 써야 하는 차는 신경을 안 쓰고……"(박현도)

이들은 외주 용역업체 소속이지만 순찰차는 한국도로공사의 것이다. 무전기나 PDA 같은 비품들도 도로공사에서 지급한다. 하지만 일하다 파손되면 순찰원들이 직접 물어내야 한다. 규정상

그렇게 돼 있는 건 아니지만 '외주 용역'이라는 신분 때문에 실제로는 자기 돈을 들일 수밖에 없다는 것이 박현도 씨의 설명이다.

'확신'이 현실이 되는 날은 언제일까

도로공사의 차를 타고, 도로공사의 비품으로, 도로공사의 도로에서 일하지만 이들은 도로공사 직원이 아니다. 도로에서 만나는 고객들에게 인사할 때도 "안녕하세요, 한국도로공사 ○○지사 순찰원 □□□입니다. 무엇을 도와드릴까요?"라고 응대하도록 교육받지만 도로공사 직원은 아니다. 이뿐만 아니라 이들은 전광판 문구부터 출동과 이동 지시까지 일하는 동안 항상 도로공사의 직접적인 업무 지시를 받는다.

"전광판 문구도, 정책상 어떤 때는 졸음운전 방지에 대해 표출하라는 지시를 받고 또 어떤 때는 다른 문구를 표출하라고 지시를 받아요. 다 도로공사의 지시라는 거죠. 근데 웃긴 건 저희는 비정규직."(오택규)

"모든 게 다 도로공사의 업무 지시예요. 상황실에서 직접적으로 일하는 거 다 지시하고 다 터치하면서 왜 자꾸 외주라고 얘기하는지 모르겠다는 거예요. 순찰반은 1분 1초라도 빨리 대응을 해야 하니까 무조건 도로공사 상황실하고 직접 커뮤니케이션해야 되거든요. 처음부터 외주가 될 수 없는 일이었어요."(박현도)

내가 순찰차에 동승하고 있을 때도 도로공사 상황실과 수시로 통화가 이뤄졌다. 이들은 우리가 목격한 고장차 상황을 보고하

도로공사의 차를 타고,
도로공사의 비품으로, 도로공사의 도로에서 일하지만
이들은 도로공사 직원이 아니다.

기도 하고, 다른 곳에서 일어난 상황에 대해 지시를 받기도 했다. 그날 우리를 안전한 곳으로 데려다준 뒤에도 이들은 도로공사 상황실로부터 지시받은 다른 상황을 처리하러 급히 떠났다.

354개 공공기관 가운데 비정규직을 가장 많이 쓰는 곳이 한국도로공사다. 2017년 국정감사에서 최인호 국회의원이 공개한 자료에 따르면, 그 수는 9,396명에 이른다. 하지만 도로공사는 공공기관 경영정보 공개시스템인 '알리오'에 이 수를 허위로 공시해 문제가 됐다. 고속도로 안전순찰원과 톨게이트 영업수납원 8,000여 명을 포함해 9,000여 명의 비정규직 숫자를 제외하고 고작 6.6퍼센트인 618명만 공시한 것이다.

9,396명이라는 비정규직 수는 그동안 공공기관 중 가장 많은 비정규직을 고용한 것으로 알려진 한국전력공사보다 약 1,000명이 많고, 정규직에 비해 비정규직을 너무 많이 고용했다고 여론의 뭇매를 맞은 인천국제공항공사보다 약 2,000명이나 많다. 한국도로공사는 그동안 허위 공시를 통해 불명예를 피해온 것이다.

현재 고속도로 안전순찰원과 톨게이트 영업수납원들은 한국도로공사를 상대로 소송을 벌이고 있다. 정규직 고용을 위한 '근로자 지위 확인 소송'이 바로 그것이다. 2017년 국정감사에서 안호영 국회의원이 공개한 자료에 따르면, 모두 1만 339명의 전현직 외주 용역 직원들 가운데 18.5퍼센트인 1,911명이 소송을 진행하고 있다.

그동안 법원은 모두 노동자들의 손을 들어줬다. 2017년 2월

법원은 톨게이트 영업수납원 750명이 제기한 근로자 지위 확인 소송 2심 판결에서 원고 승소 판결을 내렸다. 2016년 6월에는 고속도로 안전순찰원 397명이 고소한 재판에서 "도로공사는 외주 순찰원에 대한 직접고용 의무가 있고 임금 차액의 손해를 배상하라"고 판결했다. 도로공사는 두 사건 모두 대법원에 상고했다.

문재인 정부는 2017년 10월 공공 부문 비정규직 전환 계획을 발표했다. 전환 대상은 약 20만 명. 2017년 국정감사에서 신재상 당시 한국도로공사 사장 직무대행은 "안전순찰원에 대해서는 정규직으로 전환해야 한다고 생각한다"라고 안호영 국회의원의 질의에 답변한 바도 있다.

하지만 언제쯤일까. '버틸 때까지 버티겠다'는 심산인지 도로공사는 대법원의 판결만 기다릴 뿐이다. 박현도 씨는 대법원 판결이 2018년 8월쯤 나올 것 같다고 전했다. 혹시라도 대법원 판결이 나쁘게 나올 거라는 생각은 전혀 하지 않는다고 했다. 그는 이 책이 언제쯤 출간될 것 같냐고 묻더니 한마디를 덧붙였다. 그의 '확신'이 현실이 되는 날, 약속처럼 소주 한잔 기쁘게 나눌 그날이 어서 오길 기대한다.

"책이 대법원 판결 전에 나오나요? 그 뒤에? 에이, 그냥 승소'했다'고 쓰세요. 어차피 그렇게 될 테니까."

디지털 모바일 시대의 달빛 노동[1][2]

김영선

그 무엇도 근본적으로 꺼지지 않으며

실제적인 휴식 상태는 결코 존재하지 않는다.

조너선 크레리, 《24/7 잠의 종말》, 30쪽.

---

1) 이 논문은 2016년 대한민국 교육부와 한국연구재단의 지원을 받아 수행된
연구임(NRF-2016S1A5B5A07920821).

2) 본 장은 김영선, 〈24시간 쉼 없이 회전하는 흐름의 시공간〉, 《걷고싶은도시》
제91호, 2017, 19~24쪽의 내용을 수정·보완한 것이다.

1. '자연적 장벽'마저 허물어지다

세계 최초의 24시간 어린이집

24시간 사회를 상징하는 편의점은 이제 동네 어귀, 아파트 단지 안까지 구석구석 들어섰다. 소형 슈퍼마켓을 빠르게 대체하면서 지리적으로 확장해왔다.[3] 편의 서비스의 항목도 크게 늘었다. 편의점이 단순히 물건만 파는 곳은 아니다. 기초 생필품을 구입할 수 있는 것은 물론 은행 업무 처리, 택배 및 세탁 서비스, 항공원 예약·발권 서비스까지 가능하다. 최근 눈에 띄는 양상은 24시간 서비스가 프랜차이즈 형태로 여러 부문으로 확장되고 있다는 점이다. 빈도나 범위의 증가나 확장만이 아니다. 사회의 편의점화라 일컬을 만큼 편의 서비스는 그야말로 진화 중이다.

공공 부문도 예외는 아니다. 365일 24시간 단 하루도 단 한시도 불이 꺼지지 않는 민원실이 있다. 경기도의 '언제나 민원실'은 주야·휴일을 불문하고 민원 서비스를 제공한다. 말 그대로 365일 24시간 언제나 열려 있다. 민원 서비스의 24시간 운영은 전국적인 현상이다. 보육 서비스도 24시간을 표방한다. 경기도는 24시간 어린이집을 혁신적인 보육 서비스로 내세웠는데, 개원 당시 김문수 지사는 "365일 24시간 언제나 아이를 믿고 맡길 수 있는 어린이집

---

3) 전상인, 《편의점 사회학》, 민음사, 2014, 52~61쪽; 양아람·이행선, 〈2010년대 한국과 일본의 편의점, 점원, 사회, 문학: 무라타 사야카의 《편의점 인간》과 박영란의 《편의점 가는 기분》〉, 《한국학연구》 제63집, 2017, 195~230쪽.

은 세계적으로도 하나뿐"이라며 모범 사례로 홍보했다.[4]

얼마 전 일일교사 형식으로 24시간 어린이집에서 하루를 보낸 적이 있다. 서울시에서 24시간 어린이집이 가장 많이 분포한 지역인 광진구의 한 어린이집이었다.[5] 들어가기 전만 해도 '숙식하는 아이가 얼마나 되겠어'라고 생각했다. 그런데 막상 보니 족히 20명은 되어 보였다. 물론 20여 명의 아이들 가운데 몇몇은 늦은 시간에라도 집에 갈 수 있었다.

인상적이었던 점은 주간 보육 아이들의 등하원 패턴(아침 등원, 오후 하원)처럼, 야간 보육 아이들은 오후 등원, 다음 날 아침 하원일 것이라는 예상이 완전히 빗나갔다는 사실이다. 하루 단위의 등·하원이 아니라 많은 경우 3~4일 단위였고 길게는 일주일 단위도 있었다. 부모가 지방에서 일하는 경우는 물론 퇴근이 매우 늦거나 밤 일이 잦은 경우, 야간조로 일하는 경우, 부모 모두 교대제로 일하는 경우에도 하루 단위 등·하원이 곤란하기 때문에 아예 여러 날 아이를 맡긴다는 것이다.

또 하나 인상적이었던 점은 야간 보육의 대상이 '특수한' 가족의 아이들일 거라 생각했는데, 주간 보육 아이의 부모들과 비교해봐도 직업이나 가족 형태 면에서 크게 다르지 않았다는 사실이다. 물론 직업 면에서 야간 노동의 비율이 높다거나 가족 형태 면에서 한부모 가정의 비율이 상대적으로 높을 수는 있겠지만, 의

---

4) 〈24시간 어린이집, 세계 최초〉, 경기G뉴스, 2012.6.21.

5) 〈서울시내 24시간 어린이집 현황〉, 우리들뉴스, 2012.12.29.

미 있는 차이는 아니었다. 단지 부모들의 일하는 시간대가 남달랐을 뿐이다.

　마지막으로 수요가 꽤 높다는 사실도 흥미로웠다. 보육교사의 말에 따르면, 다른 자치구에서 아이를 맡기러 오는 부모들도 여럿일 정도였다. 서울시가 이러한 수요를 파악한 것인지는 모르겠으나, 서울시는 24시간 어린이집을 대폭 확대하겠다는 정책을 내놓았다.[6] 흥미로운 건 지난 2018년 6월 지방선거를 앞두고 지역의 여러 후보들도 24시간 돌봄 서비스를 공약 중 하나로 챙겨두고 있었다는 점이다.

　의아한 점은 보육교사의 노동시간이었다. 5시 반쯤 도착한 보육교사는 6시부터 그다음 날 오전 8시까지 아이들을 먹이고 씻기고 옷 갈아입히고 놀아주고 양치시키고 재우고 정리 및 잡무를 처리하는 전반의 과정을 챙겨야 했는데, 이는 법정 근로시간을 훨씬 상회했다. 물론 취침 이후 아침 기상 시간 사이의 시간은 근로계약상 여러 조건을 달았겠지만, 이 모든 게 가능할 수 있는 건 아마도 보육을 포함한 사회복지서비스업이 근로시간 특례업종에 포함되어 있기 때문인 것은 아닌가 싶었다.

　2018년 2월 노동시간단축안이 국회에서 통과되면서 사회복지서비스업이 특례업종에서 제외됐다. 보육교사들은 8시간 근무 중 1시간의 휴게시간을 보장받게 됐다. 이후 불거진 갈등의 양상들을 보면 시간의 권리가 이렇게도 무효화될 수 있겠구나 싶다.

---

6)　〈서울시, '24시간 365일 연중무휴' 어린이집 확대〉, SBS, 2010.5.12.

갈등의 지점은 부모들의 우려에서 시작됐다. 보육교사에게 휴게 시간이 보장되면 아이들이 보육의 사각지대에 놓이는 것은 아니냐며 부모들이 나선 것이다. 부모들은 아동 최우선의 원칙을 내세워 보육교사의 8시간 연속근무를 인정하라는 성명서를 내기도 했다. 어떤 가치가 우선인가에 대해서는 사회적 합의가 필요하겠지만 노동자의 쉴 권리를 무력화하는 방식으로 아동 최우선 원칙을 내세우는 문제 제기 자체가 우려스러울 만한 것이라는 점은 분명하다.

민원 서비스나 어린이집은 찜질방·PC방·김밥집만큼은 아니더라도 24시간 사회의 한국적 독특성을 담고 있다. 특히 24시간 어린이집은 여느 나라에서도 발견하기 어렵다는 점에서 독특하며 분포도가 은근히 높다는 점에서도 특이할 만하다. 민원 서비스나 어린이집을 비롯해 경찰·소방, 보건의료, 대중교통 등의 공공 부문도 365일 24시간 시스템을 구축해나가고 있다. 그 모습은 자본이 365일 24시간 체제를 구축하려는 양상과 크게 다르지 않아 보인다.[7]

2017년 8월 서울교통공사는 야간의 경제활동 인구가 늘어나고 있어 심야·새벽 시간대의 출퇴근 '편의'를 위해 지하철 1~8호선의 24시간 연장 운행 서비스를 검토하고 있다고 발표했다. 미국 뉴욕, 영국 런던, 독일 베를린, 오스트리아 빈이 24시간 지하철 운영으로 '경제 효과'를 톡톡히 봤다는 점과 올빼미 버스가 지난 4년 동안 1,100만 명에 달하는 승객을 기록했다는 점을 들어 올빼미

7) 〈빨리빨리 고객님^^ 죽더라도 갈게요ㅜㅜ〉, 한겨레, 2017.2.13.

지하철의 도입을 정당화하고 있다. 심야 시간의 교통 편의, 경제 효과, 일자리 창출, 해외의 모범 사례, 올빼미 버스의 성공 사례가 밤이라는 자연적 장벽을 완전히 허물 날도 머지않아 보인다. 편의나 경제 효과를 부각하는 것만큼 24시간 운행에 따른 안전 문제, 노동자의 건강 문제, 야근 문화의 조장 문제를 충분히 고려하고 있는지는 자못 의심스럽다.

> 막차가 끊긴 새벽 1시 반부터 4시까지 이뤄지는 작업들이 굉장히 많습니다. 지하철이 낮에 잘 운행되려면 시설물들을 유지 보수하는 작업이 꼭 필요한데, 그걸 지하철을 운행하는 가운데 하면 안전에 문제가 생길 수밖에 없지요.
> 말이 안 됩니다. 현장 점검이 제대로 안 돼서 안전이 위협받거든요. …… 24시간 지하철은 '안전한 지하철'에 역행하는 겁니다. 1980년대 주간에 안전 점검을 하다가 사상 사고가 많이 나서 야간으로 돌린 건데.[8]

건강을 위협받는 각성 주체

우리는 야간 노동과 건강 위험 간의 상관성이 꽤 높으리라는 점을 어렵지 않게 예측할 수 있다. 일련의 연구들은 야간 노동이 노동자의 신체적·정신적 건강을 위협하고 가족·사회 관계의 질이나 삶의 질을 낮춘다고 보고한다. 또한 재해 위험을 높인다고 분

---

8) 〈서울시 "서울지하철 24시간 운행 방안 추진"〉, 중앙일보, 2017.8.11.

명하게 경고한다.[9]

"밤을 낮으로 어둠을 빛으로 일으켜, 싫어도 이미 굳어버린 생활" 속에서 "뼈마디 시큰대는 속을 숨기고 아무렇지 않은 표정으로 아침의 거리로 나서면 충혈된 눈망울 가득 햇살은 따갑다." "긴 공장의 밤 시린 어깨 위로 피로가 한파처럼 밀려온다"는 시구절은 여느 달빛 노동자들의 공통된 목소리다.[10]

야간 노동의 건강 위험에 대한 경고는 이 책의 달빛 노동자 인터뷰 사례에서도 반복해 확인할 수 있다.

집에 갔다가 낮 12시나 1시쯤 나오면 내가 봐도 내가 배춧잎 마냥 시들시들해 보여요. 낮엔 몽롱하고 말도 잘 안 나오죠. …… 우리끼리 있을 때는 잘 모르는데 다른 데 가면 서로가

9)   Imelda S. Wong, Christopher B. McLeod, and Paul A. Demer, "Shift work trends and risk of work injury among Canadian workers", *Scandinavian Journal of Work, Environmental and Health* 36, 2011, pp. 54~61; Alwin Van Drongelen, Cecile R.L. Boot, Suzanne L. Merkus, Tjabe Smid, and Allard J. van der Beek, "The effects of shift work on body weight change: A systematic review of longitudinal studies", *Scandinavian Journal of Work, Environmental and Health* 37, 2011, pp. 263~275; Rupashree Goswami, R. K. Jena, B. B. Mohapatra, "Effect of shift work on health: A review", *International Journal of Research in Management* 2(3), pp. 49~62; 캐런 메싱,《보이지않는 고통》, 김인아·김규연·김세은·이현석·최민 옮김, 동녘, 2017, 155~156쪽; 고한솔, "'2급 발암물질' 철야노동에 몸도 가정도 모두 망가졌다", 한겨레, 2018.5.17.

10)   박명학, 〈야근〉,《한라에서 백두까지》 32호, 1993; 박노해, 〈시다의 꿈〉,《노동의 새벽》, 풀빛, 1984, 69쪽.

푸석푸석해 보여요. - '밤에 파묻힌 노동' 편

햇볕 한 번 못 본 병아리마냥 계속 베개 붙들고 누워 있으려고만 했지. - '노동자의 밤잠이 일으킨 효과' 편

당직 근무하는 것처럼 잠깐이라도 눈을 붙일 수 있는 것도 아니고, 그럴 공간도 없고 진짜 힘들죠. 아침 되면 눈 새빨개져 있고, 집에 가면 바로 뻗는 거죠. 그런 근무를 이삼 일씩 연속으로 해요. - '무엇이 그의 심장을 멎게 한 것일까' 편

국제노동기구(ILO)는 "의학적 측면에서 야간 노동에 종사하는 시간을 줄이지 않는 한 교대 근무를 순환식으로 하건 고정적으로 하건 그 어떤 개선으로도 해악을 줄일 수 없다"고 지적한다. 야간 노동은 수면장애를 유발해 면역 체계를 약화시키기 때문에 암에 걸릴 가능성을 높인다. 또한 어두울 때 분비되는 멜라토닌을 억제시켜 내분비계를 교란해 암을 유발할 수도 있다. 국제암연구소(IARC)가 야간 노동(night shift)을 2급 발암물질로 규정한 사실은 이제 널리 알려진 상식이다. 최근 캐나다 퀘백대학교 국립과학연구센터의 마리 엘리제 파렌트는 야간 노동이 전립선암을 포함해 비호지킨림프종, 췌장암에 걸릴 위험을 상당히 높인다고 밝혔다. "야간 노동을 하면서 건강을 해치지 않기 위한 대안은 없다"는 권

고 사항을 되새겨볼 필요가 있다.[11] 달빛 노동자의 비율이 여러 부문에서 빠르게 증가하는 우리 사회에서 더욱 고민해야 하는 대목이다.

야간 노동의 건강 위험이 뚜렷함에도 24시간 사회가 요구하는 인간형은 언제나 깨어 있길 주문받는 각성 주체다.《24/7 잠의 종말》의 저자 조너선 크레리는 24시간 사회가 지속적인 노동과 소비를 위한 시스템으로 자리를 잡았고 이제는 여기에 맞물려 돌아갈 인간형을 만들고 있다고 지적한다. 자본은 24시간 사회를 가처분 시간의 외연이 확장된 세계라고 말하는데, 각성 주체는 가처분 시간의 확대를 경쟁력을 높이는 '자원'으로 활용할 것을 주문받는다. 물론 어떤 사람도 365일 24시간 내내 깨어 있거나 일하거나 소비할 수는 없다. 그러나 24시간 사회는 잠시도 쉬지 않고 무한히 소비하고 일할 수 있다는 관념을 그럴듯한 것으로 만들고, 그 어떤 시간도 자원으로 활용하지 못할 시간은 없다는 판타지를 불러일으킨다.[12]

각성 주체는 24시간 연중무휴 생산-유통되는 수많은 자극과 기호들에 끊임없이 또는 신속하게 반응하고 처리할 것을 요구받기 때문이다. 각성 주체는 그 자극과 기호들에 언제나 반응하고 인터페이스하고 접속하고 다운로드하고 처리해야 하는 운명에 놓

---

11) ecancernews, "IARC adds night shifts to cancer risk list", 2009.3.16.; Marie-Elise Parent, Mariam El-Zein, Marie-Claude Rousseau, Javier Pintos, and Jack Siemiatycki, "Night work and the risk of cancer among men", *American Journal of Epidemiology* 176(9), 2012, pp. 751~759.

12) 조너선 크레리,《24/7 잠의 종말》, 김성호 옮김, 문학동네, 2014, 17쪽~25쪽.

여 있다. 이러한 이유에서 크레리는 각성 주체가 항상 벌거벗은 노출 상태에 놓여 있다고 비판한다.[13]

각성 음료는 항상 깨어 있기를 주문받는 각성 주체가 간편하게 취할 수 있는 수단일 것이다. 그 상품 목록은 핫식스, 레드불 등의 에너지 음료를 비롯해, 마늘주사, 태반주사 등의 영양 주사나 캐릭터를 앞세운 스누피우유, 미니언즈우유까지 날로 다양해진다. 카페인의 함량은 날로 높아진다. 과거에는 각성 상품이 내복약의 형태로 특수한 목적(업무를 위한 졸음 쫓기)을 수행하기 복용된 것이었다면, 지금은 일상 음료의 형태로 정신 집중을 위한 '자기 관리' 수단이 된다. 과거에는 피로 회복이라는 특수한 목적 이외의 잦은 복용을 문제적인 것으로 취급했던 반면, 지금은 정신 집중을 위해 언제든 간편하게 취할 수 있는 것으로 여겨진다. '집중력이 실력'임을 강조하는 언어들이 필요를 정당화하고 있다.

수면 관리 또한 산업화되고 있다. 수면 산업은 효율적인 수면을 제공한다며 여러 이름(낮잠카페, 낮잠박스, 안마의자카페, 숙면연구소, 시에스타서비스)으로 등장해 빠르게 성장하고 있다. 실로 OECD 국가 가운데 수면시간이 최저이고 수면장애 환자가 늘어나고 있는 추세를 반영한 결과이기도 하다. 수면 산업은 휴/쉼/힐링/재충천 등 달콤한 언어들을 앞세워 각성 주체를 매혹한다. 언제나 깨어 있기를 요구하는 24시간 사회는 아이러니하게도 야근·야간 노동자의 잠을 볼모로 삼아 수면 산업을 호황 산업으로

---

13) 같은 책, 41쪽.

만들었다.[14]

또 하나의 기러기 가족: 우리는 주말부부예요

'특수한' 형태로만 여겨지던 야간 노동은 어느새 '일반적인' 노동 패턴으로 부상했다. 우리 삶의 결이 시간 구조에 따라 질적으로 달라진다는 점을 감안할 때, 야간 노동의 사회관계적 효과를 어렵지 않게 예측해볼 수 있다.[15]

　'주말부부'라는 표현을 쓸 때 우리는 통상 지리적 거리를 전제한다. 부부가 서로 멀리 떨어져 있어 주중에는 따로 지내다가 주말에만 함께 지내는 경우다. 그런데 24시간 사회에서는 지리적으로 떨어져 있는 게 아니어도 노동시간표가 서로 어긋나 주말부부라고 일컬을 사례들을 자주 볼 수 있다. 부부 모두 교대제로 일하는 커플(교정 공무원과 간호사)의 경우 신혼임에도 '만나는 날이라도 있었으면 좋겠다'는 하소연을 털어놓을 정도다. '기러기 가족'도 마찬가지다. 앞선 24시간 어린이집에서 3~4일 단위 또는 일주

---

14) 〈꿈잠 팝니다 … 불면의 대한민국, 수면산업 새록새록〉, 이데일리, 2018.6.25.; 〈밥 대신 잠 택하는 직장인 … 점심시간 수면시장 뜨겁다〉, 헤럴드경제, 2018.7.3.

15) Peter Finn, "The effects of shift work on the lives of employees", *Monthly Labor Review* 104(10), 1981, pp. 31~35; Rupashree Goswami, "Shift work and its effect on social and personal life of shift workers", *International Journal of Research in Management, Economics and Commerce* 2(5), 2012, pp. 47~63; 캐런 메싱, 〈들쑥날쑥한 근무 일정은 가정을 흔든다〉,《보이지않는고통》,김인아 · 김규연 · 김세은 · 이현석 · 최민옮김, 동녘, 160~170쪽.

일 단위로 등하원을 하는 아이의 가족 또한 새로운 형태의 기러기 가족이 아닌가 싶다.

부부관계도 예전 같진 않다. "저희는 주말 부부예요. 남편도 일하다 보면 보통 밤 10~12시는 돼야 들어오고, 저는 그때 한창 일할 시간이고. 그러다 보면 서로 얼굴 볼 시간이 없죠. 자연스럽게 주말 부부가 됐어요."[16]

사람을 만날 시간도 없는 데다 …… 가족뿐 아니라 모든 인간관계가 엉망이 되기 일쑤다. …… 아내와 함께 밥을 지어 먹고, 저녁에는 한가롭게 동네 산책을 하거나 텔레비전을 보다 같이 잠드는 것. 주말이 되면 극장에도 가고 1박 2일로 캠핑을 가는 것. 주변에서 흔하게 볼 수 있는 그다지 특별할 것 없는 평범한 일상이 두 사람에게는 판타지에 가깝다. – '철밥통 공무원? 매일 이직 꿈꾸며 버틴다' 편

"그동안 야간인 주는 일주일 내내 가족들 얼굴을 못 봤어요. 아침에 퇴근해서 집에 가면 이미 남편은 출근하고 아이들은 학교에 간 뒤고, 낮에 혼자서 자다가 아무도 없을 때 출근하러 나와야 하니까요." – '노동자의 밤잠이 일으킨 효과' 편

---

16) 〈헤어디자이너 유영민 씨 "밤새는 가위 … 주말부부죠"〉, 경향신문, 2007.4.19.

우정실무원들은 가족을 위해 일하면서도 가족의 얼굴은 잘 보지 못하는 아이러니한 삶을 살고 있었다. - '밤에 파묻힌 노동' 편

미국 매릴랜드대학교 사회학 교수 해리엇 프레서는 부부 가운데 한 명은 낮에 일하고 다른 한 명은 저녁에 일하는 커플을 둘로 쪼 개진 교대 가족(split shift family) 또는 태그팀 커플(tag-team cou-ple)이라고 일컬었다.[17)]

여기에는 노동시간표가 완전히 어긋난 형태부터 어느 정도 중첩된 형태까지 다양하다. 교대 가족은 부부가 각각 주당 40시간 씩 일을 하는 경우에도 통상적인 맞벌이 부부의 가족 풍경과는 완 전히 다를 수 있다. 노동시간의 합과 평균은 주간 노동자와 같을지 라도 그 의미는 질적으로 다르기 때문이다. 태그팀 커플의 부부관 계, 가족관계, 사회관계는 여느 맞벌이의 통상적인 모습과는 전혀 다른 모양을 띤다는 이야기다.

24시간 사회 달빛 노동자의 삶은 노동시간의 길이·총량의 관점이 아닌 '배치'의 관점에서 조망되어야 한다. 노동시간이 어느 시간대에 위치하는가에 따라 일상 및 관계의 결이 질적으로 달라

---

17) Harriet B. Presser, *Working in a 24/7 Economy: Challenges for Ameri-can Families*, Russell Sage Foundation, 2003; Angela Hattery, "Tag-team parenting: Costs and benefits of utilizing nonoverlapping shift work in families with young children", *Families in Society: The Journal of Contemporary Social Services* 82(4), 2001, pp. 419~427.

질 수 있기 때문이다. 휴식권, 일·삶 균형의 권리 등 시간 권리의 양상도 여느 주간 노동자들을 대상으로 한 것과는 달라야 할 것이다. 신기술들이 노동 및 일상에 빠르게 파고드는 '4차 산업혁명' 시대에 더욱 고민해야하는 지점이다.

2. 밤을 식민화하는 장치들

밤의 시간을 파고드는 자본

크레리는 조지프 라이트의 그림 〈아크라이트 방적공장 야경〉(1782)을 설명하면서 공장에서 흘러나오는 석유램프의 인공조명이 해달별에 따른 자연적·주기적 시간성과 단절한 채, 노동과 시간의 관계를 새롭게 재편함을 알리고 있다고 설명한다. 이후 등장한 전기등은 밤을 낮으로 만든 혁신 도구로 언급된다. 전기등의 밝기만큼이나 자본의 꿈이 완성되는 것처럼 여겨졌다. 자본은 이렇게 이윤을 극대화하는 방법으로 계절적·주기적·자연적 리듬에 배태되어 있던 노동을 분리해 기계적 리듬에 부합하는 방식으로 재조직하기 시작했다.[18]

역사적으로 자본은 자연적·지리적 장벽을 제거하는 방식으로 이윤을 축적해왔다. 자본은 본성상 모든 공간적 경계를 넘어서 돌진하려 한다. 자본은 통신수단이나 교통수단 등 교환을 위한 물적 장치를 특별히 필요로 하고 발명한다. 지리적 제약을 제거해 상

---

18) 조너선 크레리, 《24/7 잠의 종말》, 104~105쪽.

품의 순환 시간과 비용을 절감하는 방식이다.[19] '4차 산업혁명'이란 이름을 걸고 쏟아져 나오는 신기술 또한 시공간적 경계를 허물고 초연결을 구축해내기 위한 자본의 이해와 맞닿아 있다.

또한 자본은 신체의 물리적 한계를 넘어 노동력을 착취하는 방식을 구사해왔다. '살아 있는 인간을 오로지 시간의 잔해로 변환'해 노동시간을 무제한적으로 추출하는 방식을 취한 것이다.

그런데 자본이 지리적 제약을 제거하고 신체적 한계를 넘어서는 방법들을 활용해왔어도 밤의 시간만큼은 일종의 '자연적 장벽'처럼 여겨졌다.[20] 공장의 전기등이나 거리의 가로등을 배치해도, 밤의 어둠은 제거할 수 없는 자연적 장벽이었다.

그렇지만 365일 24시간 사회는 통상적인 리듬으로 여겨졌던 낮/밤, 활동/비활동, 깨어남/잠듦/ 비수면/수면, 켜짐/꺼짐, 로그온/로그오프의 구분성, 순환성, 주기성이 파괴된 새로운 시공간이다. 이전 시대까지 휴식, 쉼, 막간, 회복, 일시 중지, 꺼짐, 조정화면(test pattern)은 피로를 회복하고 반응성을 되찾을 어떤 내적인 필요로 여겨졌다. 그런데 365일 24시간 사회에서 이러한 구분이나 주기는 무의미해진다. 이렇듯 휴식에 대한 내적·사회적 필요가 제거된 365일 24시간 사회에서 자본은 무한히 회전할 수 있게 됐다. 365일 24시간 사회는 쉼, 막간, 일시 정지를 제거한 흐름의 시공간이다. 들뢰즈는 푸코의 훈육사회 개념과 대비해 다양한

---

19) Karl Marx, *Grundrisse*, ed. Martin Nicolaus, Vintage, 1973, pp. 524.

20) 조너선 크레리,《24/7 잠의 종말》, 36쪽.

형태로 존재하던 막간이 소멸된 세계, 그래서 빛과 감시가 언제나 거의 모든 곳에 폭넓고 미세하게 파고드는 사회를 통제사회라고 일컬었다.[21]

여기서 우리가 주목해야 할 것은 자본은 시간의 외연을 확대해 모든 시간을 생산 가능한 시간으로 연결짓고 이윤 축적을 위한 '자원'으로 대상화한다는 점이다. 그런 점에서 365일 24시간 사회는 더욱 자본 친화적인 사회다. 자본은 언제든 깨어 있는 시간에서 한층 더 가치를 추출하려 한다. 막간, 쉼, 꺼짐, 어둠의 시간에까지 침투한다. 이제 탈취되지 않는 시간은 없을 정도다. 시간의 식민화가 완벽히 가능한 상태라고 일컬을 수 있다. 365일 24시간 사회는 어떠한 자연적 장벽 없이 모든 시간이 자본화의 대상이 되었음을 보여주는 지표다. 365일 24시간 사회의 모습이 한국 사회에 두드러지게 나타난다는 말은 '자연적 장벽/한계'를 침식하는 시간의 자본화 과정이 세계 여느 곳보다 더 깊게 파고들었음을 말해준다.

장 보드리야르의 표현을 빌려보면, 365일 24시간 사회에서 여가는 불가능한 비극적 상태에 놓여 있다고 말할 수 있다. 크레리 또한 365일 24시간 사회는 "그 무엇도 근본적으로 꺼지지 않으며 실제적인 휴식 상태는 결코 존재하지 않는다"고 일갈한다.[22] 여느 나라보다 24시간 사회의 모습이 두드러진 한국 사회는 이러한 비

---

21) 조너선 크레리, 《24/7 잠의 종말》, 116쪽.

22) 보드리야르, 《소비의 사회》, 임문영 옮김, 계명대출판부, 1998, 241~255쪽; 조너선 크레리, 《24/7 잠의 종말》, 30~32쪽.

극의 심도가 더욱 깊다. 물론 상품 구매 형태의 쉼, 소비적인 휴식, 산업화된 수면은 가능하겠지만 말이다.

서울에선 루저나 밤잠을 잔다

365일 24시간 사회의 모습이 대도시의 보편적인 경향이기는 하지만 그 경향은 여느 곳보다 한국 사회에서 두드러진다. 그 진행 속도도 빨랐다. 여느 대도시에서 흔하게 발견할 수 있는 모습이지만 한국의 경우는 '특수한' 현상으로 읽어야 한다는 이야기다. "서울에선 루저나 밤잠을 잔다"는 CNN의 기사나 캐나다 출신 방송인 줄리엔 강이 한 TV 프로그램에서 자기 고향과 달리 24시간 언제든 먹고 싶은 걸 먹을 수 있어 좋았다는 이야기는 여느 사회와는 다른 한국의 특이함을 보여주는 증거들이다. 그 특이함은 우리에게 매우 익숙하지만, 사실 그것은 낯설게 읽혀야 한다.

한국 사회는 여느 사회보다 자본화된 시간 기획이 관철된 사회다. 특히, 야간 노동의 빠른 증가는 '경제 위기'라는 역사적 상황과 맞물린 현상으로 자본의 선택적 이해가 관통된 결과다. 2000년대 들어서면서 제조업이나 시설관리업에 제한적이었던 야간 노동이 각종 서비스업으로 확대됐다. 경제 위기라는 변곡점 이후 그 확대 속도도 이전에 비해 남달라졌다. 이제는 몇몇 업종에 제한된 노동 패턴이라고 말할 수 없을 정도로 야간 노동이 일반화됐다.

24/365 서비스의 확대를 가능케 한 조치는 1998년 심야영

업규제의 폐지다. 물론 그 흔적 또는 기원은 편의점이 도입된 시기로 거슬러 올라갈 수 있다. 하지만 시장의 자유를 앞세운 신자유주의 논리는 경제 위기라는 역사적 상황을 관통하며 영업시간과 관련된 각종 규제들을 거침없이 폐지해나갔다. 이후 등장한 유통산업발전법은 365일 24시간 영업을 제도화한 조치였다. 이때부터 대형마트는 소비자 편의를 앞세워 365일 24시간 영업이라는 공격적인 마케팅을 앞다퉈 전개했다.

영업시간 규제의 폐지는 규제를 장애물로 여기는 신자유주의 이데올로기의 산물 가운데 하나다. 규제 폐지를 정당화하는 언어들로는 '소비자 선택권 향상' '편의 증대' '즉시적으로 이용할 수 있는 가능성' '언제 어느 때나' '가처분 시간의 확대' '처분 가능성' '경쟁력 제고' '수익성의 확장' '상품의 순환' '경제 효과' 등이 반복적으로 계열화됐다. 편의, 즉시성, 처분 가능성, 선택권 등의 언어들은 경제 위기라는 특수한 상황 조건에서 24시간 영업이라는 새로운 세계의 문을 열어젖혔다. 이러한 신세계에서 소비자나 자본은 어느 때보다 무한히 흘러 다닐 수 있었다.

한 사회의 시간 패턴 변화가 사회문화적인 변화, 생활양식의 변화로 이어진다는 점을 감안할 때, 심야영업규제의 폐지는 단순히 제도·정책의 변화만을 의미하지 않는다.[23] 24시간 회전하는 자본의 리듬에 '부합하는' 방식의 삶의 변화를 의미한다.

---

23) Staffan Linder, *The Harried Leisure Class*, Columbia University Press, 1970, pp. 12.

디지털 모바일 시대의 '투명 감옥'

디지털 모바일 환경은 끊임없이 무언가와 인터페이스하고 접속하고 다운로드하고 네트워크 할 것을 요구한다. 기술 차원에서 보면, 디지털 모바일 기술은 365일 24시간 노동과 소비가 가능하도록 가속화하는 매개체다. 모바일 오피스와 모바일 쇼핑이 그런 예다. 업무 '효율성' 및 소비자 '편의' 이데올로기는 신기술의 '자본주의적' 사용을 정당화한다.

신기술은 '더 인간적인' 노동 세계, 심지어는 '고된 노동에서 해방되기' 같은 장밋빛 전망을 내세우지만, 신기술은 업무를 일상으로 연장시킨다. '메신저 감옥' 'SNS 감옥' '카톡 감옥'이란 표현은 사무실을 벗어나도 업무에서 벗어나지 못하는 감옥 같은 상황을 빗댄 표현이다. 자본의 착취가 작업장 공간에 머무르지 않고 일상 공간으로 파고들고 있음을 알리는 징후들이다. 이러한 업무의 일상 침투 현상은 산업 시대의 착취와는 또 다른 모양의 착취다. 혹자가 공장을 '완화된 감옥'이라 불렀던 것에 빗대보면, 디지털 모바일 시대의 일상은 '투명한 감옥'이라고 말할 수 있다.

24시간 회전하는 노동과 소비 사이클에 맞춰 수많은 노동자들은 낮 밤 가릴 것 없이 돌아가는 분류기의 속도에 맞춰야 한다. 대리기사, 배달앱 노동자 등의 호출 노동자들은 콜을 캐치하기 위해 소비 도시의 밤거리를 서성인다. 그 서성임은 야경을 즐기는 구경꾼의 서성임과는 다른 발걸음이다.

《대리사회》의 저자 김민섭은 대리운전 노동자의 콜 캐치 과정을 낚시의 '챔질'에 비유했다. 어종에 따라 물고기를 채는 타이밍을 신경 써야 하는 것처럼 콜을 낚으려는 눈빛은 웹툰을 보거나 SNS를 하는 여유와 다르다는 것이다. 여기서 콜을 캐치하기 위한 시간은 임금으로 계산되지 않는 시간으로 처리될 뿐이다.

11시가 되고, 벤치에서 일어나 망원유수지를 향해 걸었다. 드문드문 밤낚시 하는 사람들이 있었는데 사실 대리운전도 그와 비슷하다. 침묵하던 핸드폰이 어느 순간 밝아지며 출발지와 목적지를 밝혀주면, 이것이 어느 정도 크기의 고기인지를 판단해야 한다. 피라미인지, 붕어인지, 아니면 너무 커서 내 낚싯대로는 감당할 수 없을 테니 보내주어야 할지, 짧은 시간 내에 계산을 끝내야 한다. 그리고 낚시에는 '챔질'이라는 게 필요해서 찌가 움직일 때 언제 낚싯대를 채주느냐가 무척 중요하다. 너무 일찍 채도, 너무 늦게 채도, 고기가 도망간다. 대리운전도 수락 버튼을 언제 누르느냐에 따라 손님과의 연결이 결정된다. 버튼 누르는 것이 늦으면 손님은 이미 다른 대리기사에게 가고 만다. 한강변에 몇 대씩 낚싯대를 펴둔 이들을 보면서, 나도 오늘 한강에서 낚시를 한 기분이 되었다. …… 대리운전을 시작하고 나니 나와 닮은 이들이 눈에 들어오는 것이었다. 누구나 핸드폰을 들여다보는 그 밤의 거리에서, 그들은 조금 더 간절하게 그런 행동을 했다. 웹툰을 본다거나, 페이스북을 한다거나, 음악을 듣는다거나, 하는 사람

들과는 다르다. 생존, 노동을 위한 눈빛은 그 밤의 거리에서
도 확연히 구분이 된다.[24)]

언제 일이 떨어질지 알 수 없어 24시간 휴대폰을 손에 쥐고
있어야 한다. 지은 씨는 처음 일을 시작할 때 들었던 메인 작
가의 당부를 지금도 잊지 않고 있다. "항상 핸드폰 봐, 늦게
보면 안 돼." 일을 시작한 뒤 그 말이 뒤통수에 부적처럼 달려
있어 그녀는 10분이라도 휴대폰 없이 있으면 불안하다. 집에
있어도 맘 편히 낮잠 한 번 자본 적이 없고 취미생활은 꿈도
못 꾼다. 오랜만에 친구를 만나 놀다가도 연락이 오면 카페
로 뛰어들어가서 일을 하고, 어쩌다 극장에 갔다가도 쏟아지
는 카톡 메시지에 결국 중간에 나오는 일도 있었다. 어디를
가든 휴대폰과 노트북을 안고 다니며 버스 안에서 혹은 길거
리에 쪼그리고 앉아 원고를 쓰기도 한다. – '방송작가는 노
조와 함께 성장 중' 편

'효율'과 '편의'라는 불문율을 내세워 그 정당성을 확보해나가는
신기술은 사회의 24시간화를 가속화하고 있지만 정작 수많은 달빛
노동자들의 고통은 보이지 않는다. 효율과 편의의 언어는 '4차 산
업혁명'같이 더욱 조명을 밝히고 속도를 더해가는 데 반해, '디지

---

24) 김민섭, 〈밤의 도시를 걷는 (투명한) 노동자들〉, 《걷고 싶은 도시》 91호,
     2017, 63쪽.

털 특수고용 노동자'라 불리는 노동자들은 권리의 사각지대로 내몰리고 있을 뿐이다.

언어는 비춰볼 수 있고 들여다볼 수도 있는 렌즈라고 한다. 신조어 클로프닝(clopening=closing+opening)은 신기술이 파고든 서비스업계의 변화된 풍경을 엿볼 수 있는 표현이다. 클로프닝은 종업원이 밤늦게까지 일하다 매장 문을 닫고 퇴근한 뒤 몇 시간 후 새벽에 다시 출근해 매장 문을 여는 상황을 가리킨다. 클로프닝과 관련한 애로 사항으로는 휴식시간 부족, 이에 따른 수면 부족 문제를 들 수 있다. 클로프닝을 담당하고 있는 직원의 60퍼센트 이상이 7시간도 채 되지 않는 휴식시간에 힘들어한다는 응답은 최적의 인력을 산출한다는 알고리즘이 어떻게 노동의 고충을 양산하는지 가늠해볼 수 있다.[25]

통근 거리가 꽤 되는 경우 매장에서 잠을 자야 하는 상황이 발생하고 최소의 휴식권(유럽연합 지침은 최소 11시간 동안 휴식을 취할 수 있도록 규정)조차 보장받지 못하는 문제들이 보고된다. 유럽연합 지침인 최소 11시간 휴식시간 기준에 비춰보면, 휴식시간이 11시간 미만이라고 말한 응답자가 90퍼센트에 육박한다.[26]

이러한 신조어는 스타벅스가 인력 산출을 최적화하기 위해

---

25) The Center for Popular Democracy, The Grind: Striving for Scheduling Fairness at Starbuks, 2015, p. 11.

26) 김영선, 〈클로프닝과 데이터 감시〉, 《질라라비》179호, 2018, 67~71쪽; 김영선, 〈촌스럽기는… 우린 데이터로 감시하고 알고리즘으로 통제한다〉, 참세상 2018.10.2.

해설   237

크로노스 같은 스케줄링 프로그램을 도입하면서부터 생겨났다. 교대제를 짜는 이전 방식에서는 물량이나 수요, 피크타임, 고객의 방문 패턴, 인원수, 각각의 근무 일정 정도의 요소들을 고려했을 것이다. 또한 요소들을 분석해 예측한 인력을 현장에 투입하기까지는 어느 정도 시간적 간격이 발생할 수밖에 없었다. 요소들을 아무리 잘 버무려도 인력의 과소 산출이나 과잉 투입에 따른 서비스의 질 하락이나 과다 비용 문제를 피하기는 어려웠다.

반면 스케줄링 프로그램은 영업 패턴, 날씨, 보행 패턴, 교통량, 트윗 양, 실시간 검색어, 고객 패턴, 고객 평가 등의 여러 요소와 빅데이터를 투입해 교대제 인력을 산출한다. 이를테면 미세먼지 예보를 실시간으로 반영하고, 실시간 검색이나 트윗 양도 수요 변화를 예측하는 원료로 쓴다. 트윗 양을 통해 작년 세일 때보다 고객이 얼마나 증감할 것인가를 예측할 수도 있다.

크로노스 스케줄링 프로그램은 자본이 빅데이터 알고리즘을 통해 리스크를 제로화해 노동비용을 최적화할 수 있는 '적합한' 기술 양식을 확보했음을 상징적으로 보여준다. 물론 여기서 '최적의' 인원 투입은 빅데이터 알고리즘에 따른 것이지 현장 노동자들의 집합적인 이해와 권리를 반영하거나 고려한 것은 아니다. 또한 노동자들은 그 알고리즘이 어떻게 산출되었는지 알 수 없다. 알고리즘이 산출한 '적정' 노동의 고통은 온전히 노동자에게 전가된다. 한 스타벅스 노동자는 스타벅스가 '적정'을 가장해 최소한의 교대 인력(skeleton shift)을 사용하기 때문에 언제나 인력 부족에 시달린다고 호소한다. 통보도 일주일 전, 심지어 하루 전에 하는 경우도 다반사다. 업무도 시간 단위로 쪼개서 할당한다.

주목해야 할 점은 느슨한 여유 시간들을 깨끗하게 제거하고 불필요한 인력을 줄이고 필요에 따라 실시간으로 조정하는 이와 같은 방식이 노동의 불안정성을 극단적으로 이끈다는 것이다. 노동자의 스트레스도 이만저만이 아니다. 삶의 불안정성도 높아졌다. 노동자들은 스케줄의 종속성도 높아졌다고 한다. 경제학자 데이비드 와일이 말하는 '쪼개질 대로 쪼개진 노동'의 최신 버전인 셈이다. 이런 문제에 처한 노동자를 캐시 오닐은 '알고리즘의 노예'라고 일갈한다.

이 같은 방식의 온 콜 스케줄링 프로그램(on call scheduling program)은 스타벅스를 비롯해 맥도날드, 월마트, UPS, DHL 등 서비스업계·물류업계로 빠르게 확산하고 있다. 데이터과학자 캐시 오닐은 시간, 비용, 재고를 절감하기 위한 적기 생산 방식이 여러 부문으로 확대대고 있음을 지적하면서 이를 'JIT(just-intime) 경제의 확장'이라고 진단한다. 21세기의 유연화 화법은 ICBAM(Iot, Cloud, Bigdata, AI, Mobile) 같은 신기술의 배치를 통해 그 목적을 달성해나가고 있다.

3. 노동자의 시간 권리를 위하여

1990년대 중반 이후 자본은 '소비자 편의' '규제 완화' '기술 혁신' '상품의 순환'을 앞세워 새로운 시간 기획들을 관철시켜왔다. 지난 20여 년간 소비나 경쟁력, 순환·회전을 강조하는 언어가 활보해왔지만, 달빛 노동자의 삶과 권리에 대한 목소리들은 제대로 대변되지 못했다.

최근에서야 24시간 소비-노동 시스템의 문제점들이 하나둘씩 노정되면서 사회적으로 의제화되고 있는 상황이다. 우선 대형마트의 영업시간 제한과 의무휴업일 의무화(2012년)를 들 수 있다. 갑을 논란의 맥락에서 지역 영세상인, 일명 '골목상권'의 보호 논리가 관철된 결과다.[27]

편의점의 강제 영업 금지(가맹사업법 시행령 개정안, 2014년) 또한 마찬가지다. 편의점주는 오전 1시부터 6시까지 6개월간 영업 손실을 볼 경우 영업시간을 단축할 수 있게 됐다. 기존에는 가맹본부가 24시간 영업 원칙을 고수해 편의점주는 심야시간대 영

---

27) 2012년 1월 유통산업법의 신설 조항(대형마트의 영업시간을 제한하고 의무휴업을 의무화)에 따라 지자체들은 대형마트의 24시간 영업을 제한하고 매달 둘째, 넷째 주 일요일을 의무휴업일로 하는 조례를 개정했다. 이에 이마트·홈플러스·롯데쇼핑·지에스리테일 등은 지자체를 상대로 "유통산업발전법이 과잉 금지 원칙을 위반해 영업의 자유와 소비자의 자기결정권, 재산권, 평등권 등을 침해한다"며 위헌법률심판제청 신청을 냈다. 2018년 6월 헌법재판소는 "대형마트 등과 전통시장이나 중소 유통업자들의 경쟁을 그대로 방임한다면 결국 대형마트 등만이 유통시장을 독과점하고 전통시장과 중소 유통업자들은 현저히 위축되거나 도태될 개연성이 매우 높다. 유통시장에서의 공정한 경쟁 질서가 깨지고 중소 상인들의 생존 위협으로 경제 영역에서의 사회정의가 훼손될 수 있다"고 밝히고 대형마트와 기업형 슈퍼마켓의 영업시간을 제한하는 것은 사회적 시장경제 질서에 부합하므로 헌법에 어긋나지 않는다고 선고했다(⟨"대형마트 영업시간 제한은 정당"…유통산업발전법 합헌⟩, 뉴시스, 2018.6.28.).

업 손실에도 불구하고 운영을 해야 했다.

그런데 대형마트의 영업시간 제한 조치와 편의점의 강제 영업 금지 조치는 노동자적 관점에서 출발한 문제 제기는 아니다. 갑을 논란이 사회문제로 부상하는 가운데 대자본(대형마트 또는 프랜차이즈 본점)에 대한 소자본(지역 영세상인 또는 프렌차이즈 가맹점)의 목소리가 관철된 것에 가깝다.

둘째, 노동자적 관점에서 의미 있는 조치들로는 청소년의 야간 노동 금지(18세 미만, 밤 12시~오전 6시)(2014년), 야간 노동자의 특수건강검진 시행(2014년 1월부터 300인 이상 사업장)을 들 수 있다. 또한 '야간' 노동을 산재 판정 지침으로 구체화하고(2013년), 교대제 업무의 경우 업무 부담 가중 요인을 적시하고 산재 판정 시 야간 노동자의 노동시간을 30퍼센트 가산하도록 한 산업재해보상보호법 개정(2018년)도 의미 있는 진전이다. 대리기사, 배달업 종사자, 퀵서비스 기사 등을 위한 쉼터 마련(서울시 2016년, 경기도 2019년) 또한 이동 노동이라는 근무 특성을 고려해 공간 차원에서 특수고용 노동자의 휴식권을 보장한 사례로 꼽을 수 있다. 달빛 노동자의 건강권·휴식권을 제한적으로나마 보장하는 최소한의 조치들이다.

셋째, 자동차 업계의 주간 연속 2교대 시행(2013년)을 들 수 있다. 지난 40~50여 년 동안 계속된 밤샘 노동이 자동차 업계에서 사라졌다. 유성기업 노동자들은 '노동자는 올빼미가 아니다. 밤에는 잠 좀 자자'고 외치며 비인간적인 주야 맞교대 근무를 문제화했다. 이후 야간 노동 철폐를 위한 끈질긴 문제 제기가 최근 사회적으로 의제화된 야간 노동자의 건강권 문제와 맞물리면서 지지부진하게 흘러오던 주간 연속 2교대 논의가 주야 맞교대 체제를 밀어내게 된 것이다.

그렇지만 365일 24시간 사회에서 빚어지는 야간 노동의 문제에 대한 대응 조치들은 아직 특정 업종이나 특정 세대 차원에서 몇몇 개의 조항을 덧대는 방식에 머물고 있다. 전 업종을 대상으로 하는 혹은 전 세대를 포괄하는 조치들이 더 절실하게 요구된다. 무엇보다도 자본이 가열차게 내세워온 가처분 시간 확대, 소비자 편의 논리들에 대항해 노동자의 삶과 건강의 관점에서 24시간 사회 달빛 노동을 다시 성찰하는 작업이 필히 수반되어야 할 것이다. "야간 노동을 하면서 건강을 해치지 않기 위한 대안은 없"기 때문이다.

달빛 노동 찾기

당신이 매일 만나는 야간 노동자 이야기

초판 1쇄 펴낸날 2019년 1월 15일

기록	신정임, 정윤영, 최규화
사진	윤성희
해설	김영선
편집	임세현, 박재영
디자인	윤선호

펴낸이	박재영
펴낸곳	도서출판 오월의봄
주소	경기도 파주시 회동길 363-15 201호
등록	제406-2010-000111호
전화	070-7704-2131
팩스	0505-300-0518

이메일	maybook05@naver.com
트위터	@oohbom
블로그	blog.naver.com/maybook05
페이스북	facebook.com/maybook05

ISBN   979-11-87373-77-3 03300

이 도서의 국립중앙도서관 출판예정도서목록(CIP)은 서지정보유통지원시스템 홈페이지
(http://seoji.nl.go.kr)와 국가자료공동목록시스템(http://www.nl.go.kr/kolisnet)에서
이용하실 수 있습니다. (CIP제어번호: CIP2018042729)

• 책값은 뒤표지에 있습니다. 잘못된 책은 바꾸어 드립니다.